# EL ESTILO FARRAGOSO PARA IMPLEMENTAR LA CULTURA POR EL CUIDADO DEL MEDIO AMBIENTE

# El estilo farragoso para implementar la cultura por el cuidado del medio ambiente

Dr. José Manuel Castorena Machuca

Egresado de la **Escuela de Educación Superior en Ciencias Históricas y Antropológicas** (EESCIHA - S.L.P., México)

**Para pedidos de copias adicionales de este libro, por favor contacte con:**
Palibrio
1663 Liberty Drive
Suite 200
Bloomington, IN 47403
Llamadas desde los EE.UU. 877.407.5847
Llamadas internacionales +1.812.671.9757
Fax: +1.812.355.1576
ventas@palibrio.com
382673

# ÍNDICE

# El querer Cuidar el Medio Ambiente, es el poder cambiar a mejores condiciones de Calidad de Vida

Las personas de este planeta, comprenden que la Buena Calidad es realizar una actividad, lo mejor posible, aún en actividades que se creen simples como, barrer, cocinar, lubricar una pieza de la máquina, etc. Porque yo creo que la Buena Calidad está en todo lo que hacemos.

Por eso considero que la Calidad empieza por las personas o por uno mismo, realizando un trabajo correctamente en materiales, tiempo y con un método estandarizado y que lo que se requiere para trabajar con Calidad es, **QUERER** HACERLO, claro que también es necesario **Saber** cómo hacerlo y para eso se requiere de la capacitación y se necesita **Poder** trabajar o sea tener las habilidades físicas y mentales para realizar una tarea determinada.

Lo que tengo que enfatizar por mi parte es que el secreto de la buena Calidad está en querer hacer un trabajo de Calidad desde la primera vez, o sea trabajar con una actitud positiva aún en condiciones adversas de recursos.

Porque cuando enfrentamos los problemas con una aptitud y actitud positivas, los buenos resultados no se hacen esperar, en comparación con una actitud de indiferencia o negativa para la solución de los problemas, donde por buscar razones para no hacer las cosas, las personas se tardarán más o perderán más tiempo y recursos para llegar a las metas.

Por lo tanto como personas positivas, encuentran razones para sí hacer las cosas, mientras que las personas negativas buscan razones para no hacer las cosas.

Y el ser positivo solo es tener una actitud mental favorable ya que la persona asertiva está consciente de que si lidera o cuando menos apoya el nuevo proyecto, se beneficiará ella misma y contribuirá a que se beneficien otras personas y eso lo motivará o hará que disfrute su trabajo o la vida misma porque ve los problemas como oportunidades de aprender o de participar en juego de ganar – ganar.

Normalmente las personas positivas dicen: lo voy a lograr, lo voy a hacer, me falta poco para alcanzar la meta, etc.

Y por el contrario una persona negativa, falsea la realidad de éxito con versiones de desánimo, frustración, apatía, indecisión o luchará abiertamente por no cambiar, y se sentirá enfadado en sus interrelaciones laborales o será infeliz en su trabajo o en su vida y hará infelices a otras personas porque participa en un juego de ganar - perder.

Las personas negativas dicen: no lo haré, no se puede hacer eso, está muy difícil, están locos, etc.

Y la realidad es que tanto las personas positivas como las negativas necesitan de los cambios, pero solo **las personas positivas o de más calidad** como usted quiera verlo... son los que logran lo que a las personas ordinarias se les hace imposible de lograr debido a que las optimistas lo intentan una y otra vez aprendiendo de sus errores, con respeto a sí mismo y hacia los demás, con planeación, con entusiasmo, con crítica constructiva, con confianza en sí mismo, con honestidad en las acciones, con entrega al trabajo, con compromiso, con responsabilidad, con disciplina, con iniciativa, con autoestima, mejorando constantemente, adquiriendo buenos hábitos de higiene física y mental, con colaboración, con puntualidad y asistencia, persiguiendo ideales de belleza, de bondad, de justicia, De trascendencia, con seguridad y Cuidando el Medio Ambiente, hasta que logran alcanzar las metas propuestas.

En cambio las personas negativas o con mala calidad en sus acciones como usted lo quiera ver, critican negativamente y sin aportar nada o sea que no se comprometen, hacen más grandes los problemas, viven en tensión y hacen vivir en tensión A otras personas a su alrededor, dejan que se acumule el trabajo dejando las cosas "para mañana", esperan tener más suerte mañana, viven confusos, metiéndose en líos, les falta iniciativa, se les altera fácilmente el genio o son irritables, no planean, sienten que los demás abusan de ellos, sienten que no se les valora, se sumergen en la rutina, no les gustan los cambios, son impositivos con sus puntos de vista aunque no tengan razón, son extremistas, les gusta descansar y que otros hagan el Trabajo, desorganizados, son intolerantes, sin autoestima, caen fácilmente en vicios de drogas, alcohol, tabaquismo, prostitución, corrupción, porque no se dejan que les den consejos y no aceptan sus errores por lo que no pueden mejorar.

Todo lo anterior lo puede usted aplicar en lo personal, en la familia, en un grupo de amigos, en un club, en una empresa o en un país y los buenos resultados dependerán casi siempre de lo positivas o negativas que sean las personas.

Y los éxitos o los fracasos no se hacen esperar, porque tarde o temprano lo bueno o lo malo de las acciones de los seres humanos nos alcanzan y lo mismo sucede en Materia de Ecología y Medio Ambiente, porque no se requieren normas o leyes que sean severas, sino que lo realmente valioso es la Calidad de la Gente, característica que se adquiere por medio de la Calidad Humana en las personas y adoptando la Calidad como una forma de Vida, para vivir con más Calidad de Vida.

Por eso no creo en lo que dicen muchas personas de que "ya no hay valores", sino que considero que los valores allí están, existen bajo todos los cielos estrellados, porque son Universales, y que somos nosotros los seres humanos los que no damos la talla, y no me curo en salud, porque los valores no se aprenden, podemos obtener las máximas calificaciones en asignaturas de

Ética, pero ser malos ejemplos para otras personas, en nuestras acciones morales y nos verán como deshonestos, viciosos, mentirosos, etc. Porque los Valores no se enseñan ni se aprenden, sino que se viven.

En la siguiente tabla de Valores y sus antivalores correspondientes, usted podrá reflexionar cómo es la manera de actuar o cuáles son las formas en que se relaciona usted o los operarios y empleados de su empresa y usted decidirá la implementación de las estrategias necesarias para trabajar con los valores que crea que le va a dar a su empresa el reconocimiento regional, nacional o mundial de que "elabora productos o servicios con una Calidad Humana"

**Tabla de Valores:**

| | |
|---|---|
| El actuar con lucidez de conciencia | El actuar sin conciencia |
| El Ahorro | El despilfarro |
| El amor | El odio |
| El aprovechar el tiempo | El desperdicio del tiempo |
| El aprovechar las oportunidades o crearlas. | El desaprovechar las oportunidades |
| El buen humor, la alegría | El mal humor, el enojo, la tristeza |
| El conocimiento | El desconocimiento |
| El construir una realidad superior. | El conformarse con la realidad. |
| **El Cuidado del Medio Ambiente** | **La contaminación del Medio Ambiente** |
| El cultivo de las bellas artes | La destrucción del patrimonio cultural |
| El cumplimiento del deber | La irresponsabilidad en el deber |
| El dar buenos resultados | El sólo dar pretextos |
| El enfoque correcto o lo positivo | El desenfoque o lo negativo |
| El establecer acuerdos | El disputar, el dividir y no dispuesto a ningún acuerdo. |
| El éxito | El fracaso |
| El gozo | El sufrimiento |
| El habitar en una vivienda digna | El hacinamiento y falta de higiene |
| El orden | El desorden |
| El pensamiento asertivo para ganar –ganar | La astucia en buscar solo la ventaja personal |
| El pensar antes de actuar | El actuar antes de pensar |
| El perdonar | El resentimiento por falso orgullo o por altivez. |
| El planear el cambio | Temor a los cambios |
| El practicar el bien | El practicar el mal |
| El respeto a las leyes | La violación a las leyes |

| | |
|---|---|
| El respeto a sí mismo y a los demás | La falta de respeto a sí mismo y a los demás |
| El sentido de trascendencia | La intrascendencia |
| El ser agradecido | El ser desagradecido |
| El ser feliz en la vida y dejar ser felices a los demás. | El ser infeliz y hacer infelices a los demás. |
| El trabajo | La pereza |
| El vestir bien | El desaliño |
| La abundancia | La escasez |
| La amabilidad | La hostilidad |
| La amistad | La enemistad |
| La autenticidad | La imitación |
| La Autoestima | La baja autoestima |
| La belleza | La fealdad, lo antiestético |
| La bondad | La impiedad, la crueldad |
| La calidad de Vida | La miseria |
| La confianza en sí mismo y en los demás | La falta de confianza en sí mismo y en los demás |
| La continencia | La gula, la avaricia, incontinencia |
| La cortesía | La grosería |
| La creencia | El escepticismo |
| **La Calidad Humana** | La incultura o no Calidad en la Cultura |
| La dignidad en los actos | La sumisión o la indignidad en los actos |
| La discreción | La indiscreción |
| La educación | La ignorancia |
| La esperanza | El desánimo |
| La espiritualidad | El materialismo |
| La ética | La falta de ética |
| La exactitud | El error |
| La fe en Dios Todopoderoso | El ateísmo |

| | |
|---|---|
| La felicidad | La desgracia |
| La fortaleza | La debilidad |
| La franqueza | La hipocresía |
| La generosidad | La tacañería |
| La honestidad | La deshonestidad |
| La honra | La deshonra |
| La hospitalidad | La inhospitalidad |
| La humildad académica | La arrogancia académica |
| La imaginación creadora | El esperar que alguien resuelva los problemas |
| | |
| La independencia | La dependencia |
| La justicia | La injusticia |
| La libertad | La esclavitud, el encierro |
| La moderación | La inmoderación |
| La moralidad | La inmoralidad |
| La paciencia | La impaciencia |
| La paz | La guerra |
| La prudencia | La osadía |
| La puntualidad | La impuntualidad |
| La pureza y rectitud en las acciones | La impureza y la ruindad en las acciones |
| | |
| La religiosidad | La irreligiosidad |
| La sabiduría | La necedad |
| La salud | La enfermedad |
| La seguridad familiar y social | La inseguridad familiar y social |
| La solidaridad | El egoísmo |
| La ternura | Los celos, la envidia |
| La tolerancia a los demás | La burla a los demás o intolerancia |
| La valentía | La cobardía |
| La verdad | La mentira |
| La voluntad para hacer las cosas | El desgano en las acciones |
| Las virtudes | Los vicios |

| Lo ideal | Lo vulgar |
|---|---|
| El estar en un equilibrio dinámico | El estar pasivo o estático |
| El mejorar constantemente, insistentemente, persistentemente, consistentemente e inteligentemente. | El empeorar cada vez más en muchos aspectos |

¿En qué columna se identifica, usted estimado lector?

¿Con qué clase de valores o antivalores trabaja la gente de su empresa o en su familia?

Considero que dependiendo de la respuesta que demos cada uno, nos dará la tendencia para El Cuidado del Medio Ambiente o para la destrucción del equilibrio ecológico dentro de las empresas de bienes o servicios y se extenderá positivamente o negativamente hacia el entorno de la comunidad ya sea local o mundial.

# La Ética y los Valores son la base de la Calidad Humana

Aclaro que en este libro estoy tomando la palabra cultura como: cultivación, semejando la manera en que desde los jardines de niños los maestros plantan una semilla de cultura que se supone se va haciendo o desarrollando más y más hasta llegar a Educación Superior.

Es una cultura que se compara con otras, respetando; pero donde sí hay grados de una civilización más desarrollada o menos desarrollada, de tal forma que los miembros de una comunidad envían a sus hijos a estudiar en un país que ellos consideran mejor...y valora los aspectos sociales que la hacen superior en comparación con la propia.

Cultura como la memoria *desiderata* para que siga existiendo un sistema social... porque si no se renueva en base al pasado y su memoria histórica, muere.

Si una persona el Grado de Doctor en alguna ciencia; Pero es mentiroso, vicioso y daña su salud y trata de educar a otros; pero no puede educar a sus propios hijos y todavía no hace nada por cuidar el Medio Ambiente ¿De qué le vale toda su carga cultural sobre Ecología desde el jardín de Niños hasta su Educación Superior?

Yo opino que tendría mucha instrucción sin lugar a dudas; pero le falta educación, la cual yo considero que es más valiosa para la Calidad Humana.

Para que haya mejores generaciones con lo que siempre se ha considerado como hombres y mujeres con buenas costumbres o por lo menos socialmente aceptadas, con valores morales, para una convivencia más positiva no solamente con otros seres humanos, sino hasta con los animales domésticos y el cuidado de plantas de ornato y huertos familiares.

Con ello, no quiero señalar a nadie más que a mí mismo, y que los lectores me ayuden a reflexionar y a retroalimentarme para poder mejorar en todos los aspectos y poder decir que, realmente valió la pena vivir mi vida y que disfruté de una Calidad de Vida sobre la base de una Calidad Humana que influenció mi vida personal, familiar, laboral y social.

¡Porque la extinción es para siempre!

**Como el bisonte americano por ejemplo, extinguido por uno de los mayores depredadores del Planeta... el hombre mismo.**

Por eso hay que cuidar nuestra hermosa Tierra, porque la extinción de las especies vegetales y animales es para siempre... a menos que haya la intervención Divina para evitarlo.

En lo personal, lo único que realmente poseemos es nuestra propia vida y hay que cuidarla para conservarla, porque si no cuido mi vida, ¿Cuidaré la vida de otros o me preocuparé por el Medio Ambiente?

Así que, en este subtema de mi tema, quiero rescatar toda la carga numínica de idealismo, de humanismo, y de relativismo cultual para tratar de influir en mis lectores sobre la urgente necesidad de rescatar el progreso humano en beneficio de todas las especies del Planeta Tierra.

Me gusta esta definición de un autor reconocido a nivel mundial:

*Cultura:* Es aquella totalidad compleja que incluye conocimiento, creencia, arte, ley, costumbre, y todas las demás capacidades y hábitos que el hombre adquiere como miembro de la sociedad.(Edward W. Tyler, 1960).

En mi opinión, yo creo que la Cultura o sea lo socialmente aprendido que eleva el sentido de la justicia, de la bondad y de la belleza, nos hace de más Calidad Humana, tanto en lo personal como en lo colectivo.

**En base a lo anterior, desde mi óptica, todas las comunidades echan mano de los juicios de valor y aún los científicos "duros" y sobre todo los sociales lo hacen relativamente para explicar una realidad.**

Quiero dar un ejemplo de William A. Lessa and Evon Z. Vogt: *"I am not a relativist and I do think judgments of value can reasonably be made between religions, societies or personalities."* (Lessa y Vogt 1972:39)

*Y el siguiente pensamiento es lo que yo considero como:*
*Calidad Humana*

Para mí, la entiendo y la explico como la interacción positiva entre los seres humanos y otros organismos para la satisfacción de las necesidades físicas y espirituales, cuidando el Medio Ambiente y la supervivencia de las especies mediante un uso planeado y racional de los recursos materiales, técnicos, científicos, humanos y las estrategias socio culturales y biológicas que se van desarrollando dinámicamente en todas las sociedades de nuestra Tierra.

Independientemente de que sea una familia, un clan, un pueblo, una ciudad o todo un país y todo ello con un enfoque hacia la Calidad de Vida y los Valores universales de realizar las actividades culturales de arte, religión, justicia, bondad y libertad en lo personal, familiar, laboral y en las comunidades.

**La falta de una Cultura de Calidad en los ciudadanos de cualquier parte del mundo, generalmente lleva a descuidar el Medio Ambiente donde viven, explotando irracionalmente los recursos naturales** (Fauna, Flora, Productos Naturales Mineros, Comunidad dinámica, Agua, Aire y Flujos de Energía).

Quiero dejar muy claro, que en esta investigación cualitativa, estoy definiendo la Cultura de Calidad, no como una Cultura de Calidad ISO 9000, o una de Calidad Total, que normalmente están enfocadas sólo a la producción de bienes o servicios y donde normalmente se considera como fin, el obtener una ganancia económica, sino que lo que pretendo concienciar en los lectores de esta tesis, es el **adoptar y adaptar una Cultura de Calidad, en base a la Ética y los Valores y Calidad de Vida,** donde las actividades realizadas en lo personal, en lo familiar, o en una comunidad o en un país están enfocadas al trabajo para el hombre, que esté acorde con el sistema de pensamiento de la región, en su sentido de pertenencia, de tradición, de religión, de Cultura, y De trascendencia, y además Cuidando el Medio Ambiente.

Aunque en la actualidad, estamos realmente en una guerra de competencia, por el fenómeno de la globalización, eso **no debe significar que los poderosos de las finanzas, quieran enajenar la cultura propia de una región y acabar con sus recursos naturales y deteriorar su Medio Ambiente,** sin considerar que las sociedades tratan de perpetuar sus Culturas y que aunque las comunidades no tengan los suficientes recursos, de cualquier modo perseguirán ansiosamente sus metas regionales con oposición, aunque sea velada contra una imposición globalizada de avasallamiento cultural.

Por otra parte, desde mí muy particular punto de vista, considero que **aunque existan leyes en los países en materia de Ecología y Medio Ambiente, las gentes las violarán, si realmente no están educadas o no están auto convencidas con una mayor Cultura de Calidad,** de que es necesaria la protección del Medio Ambiente, porque de esa manera aseguran su supervivencia como especie en una mejor Calidad de Vida para ellos mismos y los seres vegetales y animales.

Por lo que no es cuestión de leyes, está bien que las haya; pero **se trata más bien de Cultura,** hasta que se dé una manera Biológica y Cultural en los seres humanos, que se recrean en nuestro hasta ahora todavía semi - paraíso que es la Tierra.

Y si venimos de un modelo (Paraíso) que fue eficiente en el pasado según los registros de muchas culturas, si aumentamos nuestra Cultura a una de más Calidad Humana o tan sólo hacia una Cultura de Calidad, estaremos en posibilidad de construir un mejor futuro en materia de Medio Ambiente con su Equilibrio Ecológico aunque Dinámico.

Sin olvidar que el hombre es Naturaleza y que se desenvuelve en grados culturales.

Y continuamente las culturas de los diferentes países están comparando las culturas propias con las de otros y por lo general se sujetan a los arquetipos de progreso "de otro" que consideran que es mejor o más eficiente.

**Calidad en la personas**: Para decir que unas personas tienen Calidad Humana o no, se parte de las cualidades deseables en base a la **Ética y los Valores** que la sociedad adopta como normas y que impone como objetivos para su sobrevivencia o por lo menos para su sentido de trascendencia e ideal de belleza o que lleve a todos sus integrantes a tener una **Mejor Calidad de Vida y aún cuidando su Medio Ambiente mediante un Desarrollo Sustentable**.

Y en la medida que las personas cumplen o no con **esas normas sociales** o sea en forma de leyes, se le califica como **"un buen ciudadano"** o como **personas de alta Calidad moral**, y se les premia o se les reconoce. Y si transigen las normas se les recluye en prisión o se les multa o se les expulsa de la comunidad o del país en su caso por ser un ciudadano no deseable o se le ha calificado como **"un mal ciudadano para la comunidad"**.

Aun a los profesionistas se les recomienda "como un **Maestro de Calidad** al profesionista que muestra cualidades excepcionales para enseñar.

O a un buen Médico se le reconoce su **Alta Calidad Humana** en reconocimiento al trato humano que muestra a sus pacientes en contra del que lo hace de manera fría y materialista.

Por eso parto de tomar la Calidad como **"qualitè"** es decir las **cualidades deseables o positivas** que muestran las personas para convivir en la comunidad **con una Cultura que sea viable** y que de manera natural creo que desean **Generar mejores Entornos** o por lo menos ecológicos en el sentido de **una Calidad de Vida más integral**, no solo lo material, sino la Calidad del aire, de la higiene, de la salud, de la limpieza en las calles en los ríos, en los mares, y de explotar los recursos naturales de manera racional sin buscar la extinción de las especies vivas.

Y **esa Calidad en las personas** yo creo que viene por dos vías una **Biológica** por instinto para aprovechar lo que está en el entorno; pero sin degradarlo o destruirlo en un pensar "para el día de mañana" como los hacen aun las hormigas en la conservación de su alimento... (el hombre dice que están organizadas).

Y la otra es **Cultural** por medio de una **Educación de Calidad** en base a una Valoración de los parámetros estéticos impulsados por **una sociedad que desea desarrollarse; pero sustentando el Medio Ambiente.**

**Medio Ambiente**: El entorno biológico natural de fauna, flora y condiciones climáticas que circundan a una población humana.

En el cual la sociedad se desarrolla sustentablemente, es decir avanzando en sus ideales de progreso material y humano sin lesionar o dañar el Medio Ambiente de su hábitat.

Y creo que ya puedo enlazar los anteriores conceptos para tener mi definición de lo que entiendo por Cultura de Calidad.

## *Cultura de Calidad:*

Para mí, la entiendo y la explico como la interacción positiva entre los seres humanos y otros organismos para la satisfacción de las necesidades físicas y espirituales, cuidando el Medio Ambiente y la supervivencia de las especies, mediante un uso planeado y racional de los recursos materiales, técnicos, científicos, humanos y las estrategias socio culturales y biológicas que se van desarrollando dinámicamente en todas las sociedades de nuestra Tierra.

Independientemente de que sea una familia, un clan, un pueblo, una ciudad o todo un país.

**Aclaro que no se trata de decir que la Cultura de un pueblo sea superior a otra... simplemente son diferentes.**

Son los mismos habitantes los que se "ponen de acuerdo" para adoptar y adaptar sustancialmente las características de una Cultura que juzgan superior para sus deseos de progreso, de trascendencia o de la Calidad de Vida que ellos juzguen apropiada para su supervivencia y aún Cuidando el Medio Ambiente.

Pero es necesario "hacer una comparación" (Benchmarking) para tener la capacidad de evaluar entre una que creemos superior y otra que consideramos "menos superior".

Esa evaluación nos permitirá crecer o proyectarnos hacia el futuro al tratar, primero imitar y después superar en una espiral dialéctica, teórica y práctica de mejoramiento continuo (kaizen), tanto en lo material como en lo espiritual.

Considero que un Sistema de Calidad Total, es imposible alcanzarlo en el ámbito humano; pero como estamos hechos a la imagen y semejanza de Dios (si aceptamos el acuerdo de verdad de que la Biblia es revelada por EL DIOS TODOPODEROSO JEHOVÁ O YAVHEH), los hombres sueñan con alcanzar ese perfeccionamiento en cuanto a la aplicación de su creatividad.

¿Qué se entiende por mejorar la Calidad de la Vida humana en base a la Eco eficiencia?

**La Ecoeficiencia** es el proceso continuo de maximizar la productividad de los recursos, minimizando los desechos industriales y las emisiones nocivas hacia el Medio Ambiente y generando valor económico y cultural para todo el personal de la empresa, sus clientes, sus accionistas y todas las demás partes interesadas... y con Desarrollo Sustentable en beneficio de todas las especies vegetales y animales (Sistema de Administración Holista).

Servimos como administradores de nosotros mismos y de las cosas que nos rodean. Cada uno de nuestros pensamientos y movimientos tiene un gran efecto al medio ambiente. Es fácil ignorar las malas acciones que estamos haciendo hoy porque a veces no se experimentan las graves consecuencias al mismo tiempo. Se manifiestan luego en el futuro, cuando ya no tengamos los recursos y las oportunidades de ponerlas en marcha atrás. Como administradores necesitamos aprender a tener una visión, o sea tenemos que saber mirar hacia el futuro. Como seres humanos no tenemos esa capacidad. Por eso necesitamos a Alguien que sabe del futuro y que puede ayudar o guiarnos a tenerla. ¿A quién debemos dirigirnos para llegar a ser los mejores administradores de nosotros mismos, de nuestra familia, de nuestra sociedad, y del mundo?

Siguen algunas de las citas de Albert Einstein coleccionadas por Kevin Harris (1995), que me gustaron para incluirlas en mi libro.

- "Quisiera conocer los pensamientos de Dios; el resto son detalles"
- "Estoy convencido que Él (Dios) no juega a los dados."
- "La ciencia sin la religión es plana. La religión sin la ciencia es ciega."
- "Dios no se preocupa por problemas matemáticos. Integra todo empíricamente."
- "El todo de la ciencia no es más que refinar los pensamientos diarios"
- "El progreso tecnológico es como un hacha en manos de un criminal patológico."
- "La paz no puede mantenerse por la fuerza. Solamente puede alcanzarse por medio del entendimiento."

- "No podemos solucionar problemas usando el mismo razonamiento que usamos cuando los creamos."
- "La educación lo que queda luego de que uno se olvida todo lo que aprende en la escuela."
- "En cuanto a lo que a realidad se refieren las leyes matemáticas, no son ciertas. Con respecto a su certeza, no son reales."
- "Quien se considera a sí mismo como un juez de la verdad y el conocimiento, es destruido por la risa de los dioses."
- "No sé con qué armas se llevará a cabo la III Guerra mundial. Pero sé que la IV será con piedras y palitos."
- "Heroísmo por orden, violencia sin sentido, y todo el resto de cosas sin significado que llevan el nombre de patriotismo. Cuán apasionadamente los odio"
- "No, este truco no va a funcionar. ... Cómo vas a explicar en términos químicos y físicos un fenómeno biológico tan importante como el primer amor?"
- "Mi religión consiste de admiración humilde al infinito espíritu superior quien se revela a sí mismo en los más mínimos detalles que somos capaces de percibir con nuestra débil y dispersa mente."
- "El comportamiento ético de un hombre debe basarse en la solidaridad, educación, y reglas sociales; ninguna base religiosa es necesaria. Sin embargo, el hombre estaría en un lugar pobre, si tuviese que estar restringido al miedo al castigo y a la esperanza de una recompensa después de la muerte."
- "Cuán despreciable es la Guerra. Preferiría ser destruido a ser parte de una base de acción. Es mi convicción que matar bajo la máscara de la Guerra no es otra cosa que un acto de asesinato."
- "Un ser humano es parte de lo que nosotros llamamos universo, una parte limitada en el tiempo y espacio. lo experimenta consigo mismo, sus pensamientos, sus sentimientos como algo separado del resto... un tipo de ilusión óptica de su conciencia. Esta ilusión es una especie de prisión para nosotros, la cual nos restringe a nuestros

deseos personales y afecto a algunas personas cercanas a nosotros. Nuestra tarea debe ser liberarnos de esta prisión por medio de la ampliación de nuestro círculo de compasión, de abrazar toda criatura viviente y toda la belleza de la naturaleza."

- "No todo lo que cuenta puede ser contado, y no todo lo que puede ser contado cuenta." (Cartel colgante en la oficina de Einstein en Princeton).

**Pregunta de JMCM a los lectores de esta humilde obra mía: ¿Con cuál respuesta se queda?**

En los 7 000 años de historia humana (estamos en el último séptimo día de creación), siempre ha habido y seguirán existiendo los que creemos en un creador y los que solo "creen" (al fin creencia también como lo que es una teoría) en la evolución.

Nótese que es cuestión de cultura...pero de una cultura de **calidad humana.**

**Entonces de acuerdo con una cultura de calidad, le propongo al lector en este subtema, me acompañe en un "Totum Revolutum" de carga cultural que heredamos del pasado para vivir con Calidad de Vida en un presente y nos proyecte como excelentes seres humanos hacia el futuro preservando hasta donde sea posible el Medio Ambiente.**

Y para aprender el pasado, tenemos que valernos de la memoria, y de la inteligencia; pero sobretodo de la Voluntad de Querer, para insistir, persistir y con consistencia creadora, construir nuevos conocimientos para las futuras generaciones.

Porque de lo contrario, si solo aceptamos el deterioro progresivo del Medio Ambiente, de manera indolente y pasiva, solo estaremos aceptando la realidad con una especie de pesimismo destructivo.

Entonces tengo que preguntarme sí:

¿Lo que estoy haciendo ahora me hace mejor persona?

¿Me beneficio y beneficio a otros seres humanos y al Medio ambiente, donde existen seres visibles e invisibles; Pero que son útiles en el concierto de la vida, como serían los microorganismos en el agua, en la tierra, en el aire, en los ríos o en el mar con su fitoplancton y zooplancton?

Porque desde que somos niños en Preescolar y hasta la Educación Superior, decimos con los labios que amamos la Naturaleza; pero con los hechos como el tirar basura en las calles, en los ríos, arrojar productos químicos en las alcantarillas o aceites usados de automóviles, petróleo en los mares, desperdicios radiactivos, contaminación industrial, etc., demostramos que contaminamos al Medio Ambiente.

Y a veces hasta presumimos que somos de honrada progenie por herencia; pero no hacemos nuestro propio camino a la Sabiduría, para vivir en paz con la Naturaleza, porque la tenemos en dolor al acabarnos los bosques y contaminar los ríos y los mares.

¿O usted cree que no sufren los seres vivos además de la especie humana?

Bueno, pues ese sufrimiento o ese dolor que siente un animal que ha sido dañado con radiactividad, se nos pasará a nuestros cuerpos por medio de los alimentos vegetales y animales y de allí nos vendrán las enfermedades con más aumento de algún tipo de cáncer... y de allí nos vendrá la muerte.

Y es que a veces no sabemos lo que deberíamos saber y desgraciadamente sabemos lo que deberíamos ignorar (como la manipulación genética por ejemplo)... y toral que de hombres malvados que somos no podríamos obtener algo más útil que realmente beneficie al Medio Ambiente y éste a nosotros.

Lo bueno es que poco a poco, sí se empieza a creer en teoría como el Desarrollo Sustentable, Ingeniería Verde o en la Ecología y Medio Ambiente y ya se han tomado algunas medidas en varias partes de la Tierra para que haya Reservas Naturales como Patrimonio de la Humanidad; pero de manera global por lo menos desde mi punto de vista nos hace falta en todas las comunidades del mundo una verdadera conciencia de una Calidad Humana donde TODOS hagamos algo realmente por proteger a la Naturaleza.

Opino que somos el producto del amor o del sueño de nuestros abuelos, transmitidos a nuestros padres y de ellos a nosotros y después lo heredamos a nuestros hijos y ellos los están heredando a las siguientes generaciones.

Realmente son las virtudes como, la verdad, la modestia, el buen gusto, la belleza, la libertad y la justicia entre otras, lo que nos cautiva de los seres que amamos, sean nuestros padres, hijos, familiares o amigos y otras personas que conocemos, porque aunque tenemos defectos y cualidades, la gente realmente no se hace querer por sus vicios o por sus malas costumbres, sino por sus buenas cualidades o se les ama, o se les reconoce socialmente por su gran Calidad Humana y se les premia con medallas de oro o aún con los Premios Nobel.

Y si vemos que en la naturaleza todo es bello, perfecto y agradable a la vista, al tacto, al gusto, al olfato y al oído, como las flores o el vuelo majestuoso del albatros, o como los frutos o los alimentos y el canto de las aves...

### ¿Por qué no amar a la Naturaleza o hasta darle un premio?

A veces solo nos contentamos en materia de Ecología y Medio Ambiente Con solo quitar los efectos como disminuir la contaminación ambiental o industrial con silenciadores, filtros, quitar uno que otro producto químico, etc., que de hecho están bien; pero realmente no nos vamos a eliminar las causas como pudieran ser, eliminar los materiales nocivos o no fabricarlos como los que dañan la capa de ozono, o mejorar los procesos industriales para que no haya desperdicios dañinos o radiactivos o contaminantes, etc.

Podemos hablar muy bonito o cantar sobre la ecología y Medio Ambiente aunque esté bien; pero yo opino que no valen las palabras en hombres que realmente no demuestran la Ética y los Valores en los hechos.

Es necesario buscar con avidez el conocimiento porque todo está sometido a un cambio dinámico y para enfrentar la incertidumbre necesitamos teorías las cuales yo considero que siempre van más adelante que la práctica.

Vemos que los retoños de los cambios, brotan en todas partes, en el mar, en el aire, en la tierra, en la familia o en las comunidades y esos retoños son o buenos o malos; pero lo importante es que no se privilegie lo malo, en perjuicio de las buenas semillas.

¿Le gustaría que desaparecieran las buenas semillas de la Tierra?

¿Le gustaría que en lugar de trigo, solo hubiera cizaña?

Desde que nacemos hasta que morimos, estamos juzgando a otros y los demás nos juzgan a la vez; pero el buen juicio debe ser sobre la base de la noble rectitud de las costumbres y del cultivo de las virtudes.

Y la persona de Calidad Humana, o con cualidades deseables puede heredar genéticamente esas potencialidades... pero el que no tiene; ¿Qué puede heredar a sus hijos?

A veces como individuos, pretendemos verlo todo; pero para realmente tener una visión del conjunto o del futuro necesitamos de la visión o considerar el punto de vista de los otros "yo", porque si no seríamos muy cerrados y limitamos nuestras posibilidades de aprender lo valioso de otras teorías para contrastarlas con nuestras referencias culturales.

Y por otro lado, tenemos que aceptar los cambios, porque en sí los cambios son buenos, es más todo el Universo está en un cambio constante y sistémico y yo digo que un equilibrio armonioso aunque dinámico, porque es un girar armonioso de microsistemas, sistemas, subsistemas y macro sistemas.

Y si a usted no le gustan los cambios, va a sufrir psicológicamente porque de todas formas llegarán.

# ¡Viva el cambio!

Y viva más, si es un cambio deseable o que soñamos y que si es valioso lo vamos a hacer realidad; pero es mejor si hacemos un cambio planeado o lo llevamos a cabo mediante una Administración Holista, con participación multifuncional y tomando en cuenta que las decisiones que tomemos tendrán que ver con otros sistemas del Medio Ambiente y que pueden beneficiar o dañar a otras especies, porque todo tiene que ver con todo, pues en Ecología todos dependemos de todos en nuestras interrelaciones.

Y si vemos que aún con nuestras palabras vamos a dañar a alguien, entonces el silencio debe valer más que las palabras; pero si creemos que con nuestro silencio ante la posible destrucción de las especies, en lugar de ayudar, estaríamos contribuyendo con nuestro silencio; y entonces la palabra debe valer más que nuestro silencio.

A veces los hombres que están al frente de las organizaciones de Ecología y Medio Ambiente, sólo buscan sus propios intereses y si eso sucede, la mayoría los debe quitar, porque el hombre aunque tenga legítimo derecho a satisfacer sus intereses, los debe subordinar a los justos intereses del colectivo.

La Tierra puede manar leche, miel o vino (abundancia) solo que son las acciones de los hombres las que acaban con los recursos naturales.

A estas alturas del desarrollo humano, sobra el conocimiento; pero yo creo que no es recto y eso no nos hace prudentes ni discretos, porque solo la verdadera armonía entre lo que decimos y obramos es lo que apoyará a la supervivencia del Planeta.

Así que es cosa de sabios, obrar lo que es bueno en materia de Ecología y Medio Ambiente, porque a veces creemos que sólo las águilas son valiosas y tratamos de privilegiar su especie; pero son también las aves canoras como el ruiseñor, la alondra o el cenzontle los que cantan al amor sobre la Tierra.

Entonces los insto como lectores, a que mantengan mis palabras en sus mentes brillantes y me humillo ante ustedes con tal de que hagamos algo por proteger a las especies más débiles que nosotros en la Naturaleza, o por lo menos cognitivamente, porque en agilidad, rapidez, altura y fuerza, muchas especies nos ganan.

¿De qué nos sirve vivir bien; Si no practicamos la honestidad con nosotros mismos?

¡Nos engañamos nosotros mismos, por más que pretendamos engañar a los demás!

Hagamos pues, buenos acuerdos para llegar a la verdad; pero sea con prudencia y Sabiduría en asuntos de Ecología Y Medio Ambiente.

Y tratemos de hacer buenos acuerdos de verdad con buenos compañeros, pues el mayor de los males es tener malos amigos, porque se degrada la Calidad Humana... y también el Medio Ambiente.

Recordemos a Prometeo, encadenado por compartir el fuego con los hombres y pensemos que su nombre significa "El que prevé las cosas" o sea que nos enseña este mito a ser previsores en materia de conservación de todas las especies tanto animales como vegetales... antes de que sea demasiado tarde.

Porque todas las culturas añoran el Paraíso que fue la Tierra en un principio; pero que esa grandeza de manadas de búfalos, elefantes, venados, gacelas, cebras, tigres, rinocerontes, o las aves exóticas como el ave del paraíso, los pavos reales, o las majestuosas águilas de cabeza blanca que están en peligro de extinguirse, o la gran biodiversidad de tomates, maíz, frijol, trigo, entre otras muchas especies están muy disminuidas ... en fin esa grandeza del pasado no nos beneficia ahora, sino que tenemos que seguir haciendo planes y acuerdos ecológicos para su conservación aún a pesar de los cambios que estén por venir o de las incertidumbres que en materia de ecología nos presente le futuro.

Por otra parte digo que sí es bueno que recordemos, porque la memoria es creadora de todo, porque no podemos decir que sabemos algo si no lo recordamos.

Y con esos trozos del pasado nos enlazamos al presente y construimos estrategias para un futuro siempre presente y que siempre nos está alcanzando porque miramos más lejos con los ojos de la mente que con nuestra vista física limitada.

Estarán de acuerdo conmigo en que el agua es valiosa para la vida; pero la abundancia de alimento o de agua, que teníamos en el pasado la hemos desperdiciado y en algunos lugares del Planeta es tan escasa, que la gente paga más por un litro de agua que por un litro de combustible.

### ¿Qué estamos haciendo para no contaminar el agua?

El tiempo que es el padre de todas las cosas, nos echará en cara nuestra negligencia en asuntos de contaminación de los mantos acuíferos.

Pero si prevemos tendremos éxito, y si comprendemos el daño que hacemos al tirar aceites de automóviles o productos químicos en los drenajes o por tirar residuos industriales a los ríos y a los mares entre otras cosas, será fácil enseñar a otros, porque no podemos enseñar lo que no conocemos.

En materia de Ecología y Medio Ambiente, hay caminos que llevan más lejos que otros, tomemos los caminos largos; pero no los que den rodeos.

La Naturaleza con su Sabiduría y belleza, seguirán alegrando el corazón de los seres humanos; pero sólo si nos unimos en su preservación.

No sabemos en qué lugar de nuestro espíritu está grabado el amor por los jardines por los bosques o por las plantas y los animales; pero está latente y el tiempo es el único que descubre la verdad completa.

Así como existe una medida para todas las cosas y porque lo que no podemos medir no lo podemos mejorar, tenemos que ser capaces de poder establecer parámetros o tolerancias entre límites máximos y Mínimos de contaminación Industrial que sean tolerables para todas las especies o seguir produciendo bienes y servicios que sean valiosos para la Calidad de Vida; pero sobre la base de un Desarrollo sustentable y sin poner en peligro la supervivencia del Planeta.

- ¿Qué especies quedan sobre la Tierra?
- ¿Cómo podemos preservar y aumentar las que quedan?
- ¿Cómo aumentar la diversidad de todas las especies?

Solo de esa manera, se forjan las palabras en el yunque de la verdad, para estar en posibilidades de implementar proyectos de mejoramiento continuo (kaizen) en materia de Ecología y Medio Ambiente.

Sí, por un lado tenemos males; pero si fueron generados por los hombres, entonces podemos solucionarlos; pero tenemos que fortalecer nuestro espíritu, para no desanimarnos.

¡Esta puede ser la ocasión para que no desaparezca una especie y las ocasiones u oportunidades no deben pasarse por alto!

Así que solo la alegría verdadera es más dulce que la miel, al levantar buenas cosechas de trigo o de uva para la regocijante vendimia o la bulliciosa esquila de ganados bovinos o la abundante pesca; pero cuando sabemos explotar racionalmente los recursos naturales o sea sin matar a la gallina de los huevos de oro.

A veces creo que el hombre no es más que la sombra de un sueño (ni siquiera un sueño) o como una neblina que gira y canta por la mañana y que por la tarde desaparece.

Sé que el hombre camina mucho en la vida; pero considero que los caminos de la vida se deben andar rectamente aunque sea imposible que el hombre goce una completa felicidad; pero hay que amar la verdad sobre todas las cosas, porque si obtenemos alegrías que sean injustas o en perjuicio de otros seres humanos o de las especies de la Naturaleza hasta el punto de extinción, nos conducirán a los más amargos dolores, porque tarde o temprano lo que estemos sembrando, eso será lo que cosecharemos.

¡Así que no hay que perder nunca la esperanza en asuntos de Ecología y Medio Ambiente!

No todo lo excusa la necesidad humana, dejémonos arrastrar por el amor a la Naturaleza y a los demás y el tiempo dirá quienes tenían razón, cuando se afirme la fama de los que actuaron rectamente en sus caminos.

Opino que nadie busca el mal por el mal mismo, solo que a veces se hace por ignorancia, así que debemos instruir a los malos para que en el futuro sigamos disfrutando el olor de las rosas o de la flor que a usted le guste, aunque sí reconozco que es muy difícil hacer al hombre bueno y verdaderamente de Calidad Humana.

Y está bien que procuremos vivir el aquí y el ahora; pero hay que prever para el día de mañana, sin olvidar el convivir y amar a la Naturaleza y a las demás especies; porque es terrible no amar en la vida... y amar sin ser amado, es la más desgraciada de todas las cosas.

Tal vez yo no sea un buen historiador, porque el fin de la historia es establecer y exponer la verdad de los hechos; pero yo me conformo con tratar de influir en mis lectores acerca del peligro del fin de la historia de las especies... y aún la del hombre.

Porque la historia es el encadenamiento de las causas y los efectos.

Y vaya que tenemos nocivos efectos en el Medio Ambiente, como el Calentamiento global del Planeta, la disminución de la capa de ozono, la destrucción de las pluviselvas, etc.; pero hay una sola causa... ¡El hombre como el peor depredador de todas las especies!

Así que tengo que oponer lo que pasó en el pasado, para contrastarlo con el presente y planear estrategias para un mejor futuro.

Y me doy cuenta que la ambición es la que destruye los imperios de los Césares o los Faraones, y si seguimos explotando innecesariamente los recursos naturales... el imperio del hombre se vendrá abajo, porque el mal siempre llama al mal y más cuando se ejerce con fuerza por la majestad del poder o por el poder mismo.

Es tiempo de dejar la furia por acabar la Naturaleza y el extermino de las especies, como el búfalo y los venados en América y dejemos el paso a la reflexión pacífica y serena para vivir en paz con la Naturaleza.

Hoy la abundancia de bienes materiales produce descuido de la Naturaleza, olvidando que nosotros mismos somos naturaleza y que al no cuidar el Medio Ambiente nos perjudicamos nosotros mismos.

Es importante que vigilemos los censos de las especies en el mundo y que reaccionemos y accionemos favorablemente en beneficio de la Naturaleza.

Y si es cierto que, con la edad maduran las virtudes:

¿Cuándo las demostraremos con este avance de la civilización... y ya tan madura?

No es necesario que tengamos grandes discusiones porque entre más discutamos, produciremos grandes odios en todas las capas de la sociedad, hasta llegar a la sangre, porque el odio de eso se alimenta.

Por eso es mejor que cuando haya una cosa dudosa, inventemos discursos en lugar de guerras.

Yo creo más bien que el valor de la Ética y los Valores, es lo que reconquista la verdadera libertad de todas las especies y eso traerá tranquilidad interior a todas las comunidades del mundo y esa característica es la garantía de la paz interior, mientras que de lo contrario al haber discordias civiles, se excitan y suscitan las intervenciones extranjeras.

De tal forma pues que, aunque pase el tiempo y con su guadaña borre los acontecimientos, están grabados los registros en la memoria de todas las comunidades y no necesariamente se llega al trono por la fuerza, sino que se puede ocupar también por la sabiduría y los hombres que se forjan sobre la base de las virtudes.

Si unidos hacemos grandes esfuerzos por El Cuidado del Medio Ambiente, nos corresponderán grandes recompensas por la Calidad de Vida que obtengamos de una Naturaleza bien cuidada.

Por el contrario o sea sobre la base de excitar la ambición económica de solo poseer propiedades, o dinero y honores políticos o religiosos, acabaremos viviendo en nuestras burbujas artificiales y comiendo alimentos transgénicos y adornaremos nuestro entorno con aves cantoras robotizadas y con árboles, plantas y flores de plástico o nos deleitaremos con DVD para ver cómo eran, como corrían, y cómo rugían los osos polares o cómo nadaban majestuosamente las ballenas y los delfines.

¿Estimados lectores, les gustan a ustedes la paz tranquila de la Naturaleza?

Entre otras cosas pudieran ser:

- El agua cantarina al caer por una cascada.
- Los campos de mil colores tachonados de flores.
- El canto de las aves
- El vuelo majestuoso de las águilas.
- Los saltos graciosos de los conejos.
- Los árboles frutales con su delicioso aroma.
- Disfrutar caminando por las blancas arenas de las playas.
- Contemplar una puesta del Sol en el mar.
- Contemplar una aurora en las montañas.

Por eso creo que ninguna cosa nace de la nada y que la vida viene de la vida y que con nuestra muerte alimentamos a otras vidas entre las plantas y animales.

Las voces del pasado penetran las paredes de las comunidades actuales y nos hacen ser o muy activos o de manera pasiva nos sujetamos a las acciones de otros, porque los acontecimientos se construyen con materia, acción de los hombres y los sistemas, con espacio y temporalidad.

Y aunque científicamente el hombre pueda intercambiar genes entre las especies (peligrosamente para todas las especies) hay una cierta inmutabilidad Divina en todas las especies.

¿Hasta dónde el hombre dejará de ser hombre?

¿Hasta dónde un tomate deja de ser tomate?

¿Hasta dónde se expande lo infinito?

Somos soplo de estrellas embarrado en hombres de barro infinitesimalmente en el espacio y en el tiempo... y volvemos al polvo y bajo el cobijo de la madre Tierra.

Y podemos dar perfección a los hombres por medio de la educación; pero no lograremos borrar los rasgos dominantes que mamamos en la leche materna y en la genética heredada de nuestros padres y abuelos.

Sólo que no tenemos ya el respeto que nuestros antepasados tenían por la Naturaleza y con la diversidad de las especies vegetales y animales.

Y con nuestra actitud de indolencia, vamos degradando el Medio Ambiente, porque los efectos y las causas se encadenan y muy desfavorablemente en contra de la humanidad por la polución del aire y por el calentamiento global de nuestra Tierra, con sus consecuentes desastres en tsunamis, terremotos, lluvias ácidas o con las lluvias torrenciales como los ciclones causados por los fenómenos de la niña o el niño.

Y todo porque el bien que no tenemos nos parece mayor y es que a veces nos parece que vivimos en la edad de las luces del conocimiento cuando en realidad no vemos nada porque vivimos en una humanidad antropocéntrica donde es muy común que se gesten "generaciones X" a las cuales no les importa nada de lo que ocurre a su alrededor y aún son indolentes con lo que les pueda ocurrir a ellos pues no tienen el espíritu de solidaridad humana.

¡Ya ha ocurrido en un Banco, que muere alguna persona de infarto...y nadie se sale de la fila!

Nadamos en manantiales de placer de las drogas(antígenos), el alcohol, tabaquismo, el baile sensual, la música(ruidos) degradante, la comercialización del arte(entre más ofensivo mejor según los artistas del arte moderno), el deporte de las masas populares que no nos hace mejores en actitudes, la pornografía infantil, el cine degradante con su inmoralidad y lleno de violencia, los programas televisivos enajenantes como las novelas, etc., y después ese placer se vuelve amargura, porque nos sobresalta con la contaminación ambiental, falta de alimentos, malformaciones genéticas con el aumento mundial de minusválidos o con enfermedades de pandemia como el SIDA, el cáncer, la hepatitis, tuberculosis, ébola, etc.

Queremos vivir un hedonismo del placer por el placer, mientras que yo creo que solo podemos sentir verdadero gozo y de trascendencia humana o de realización cuando damos desinteresadamente a los demás y nuestras acciones demuestran que están basadas en la ética y los valores y en el amor por la Naturaleza.

Y que por lo contrario o sea cuando sólo actuamos egoístamente, la iniquidad que hagamos se volverá como "un bumerang" contra nosotros socialmente en más delincuencia, más vicios sociales, pobreza, enfermedades, contaminación del agua, del aire, del suelo, de los ríos, de los mares... y más contaminación mental o cultural si usted lo prefiere y todo por no ser capaces de aplicar socialmente o culturalmente la asignatura de Ecología y Medio Ambiente.

Porque lo demostramos cuando cambiamos el aceite de nuestros automóviles:

¿Guardamos el aceite usado de nuestros automóviles o lo llevamos a un lugar de confinamiento o desdeñosamente lo tiramos sobre la tierra o el pavimento?

¿Y si llueve a dónde irán todas esa gotas de lubricante?

Bueno pues simplemente regresarán hacia nosotros en el agua que bebemos y la consumiremos en las frutas o los vegetales y carnes que comemos y nos causarán algún tipo de cáncer.

¿Qué me dice de la basura y de las envolturas de papel o de plástico que descuidadamente los arrojamos sobre las calles sin respetar los depósitos adecuados para ello?

**Pobre Cultura para arrojar basura:**

¿Será falta de una Calidad Humana?

¿Tendrán que ver nuestras actitudes sociales con la Ética y los Valores?

¿Diría usted que estamos preocupados por la Ecología y el Medio Ambiente?

Entonces tenemos que pensar que el cieno que parece suciedad para los hombres sensatos u hombres de Calidad Humana si me lo concede el lector, a los puercos le parecerá la cosa más limpia y hermosas para revolcarse en él.

Entonces todo bien y todo mal, está en nuestra alma, que yo digo que es todo el cuerpo mismo con todos sus sentidos y aun incluyendo los sentidos de orientación, de trascendencia, de progreso, de conservación o simplemente de supervivencia en equilibrio con todas las demás especies del Planeta.

Por lo tanto, creo yo que sólo el sabio es verdaderamente feliz... y que debemos caminar hacia la Sabiduría.

Pero primero, tenemos que transformarnos de lo puercos que somos con la Naturaleza en hombres con más Calidad Humana... y luego intentemos ser ángeles.

Así que no podemos contentarnos con un presente de abandono de la Naturaleza como una continuación del futuro, porque los bienes que podamos obtener de este mundo son frágiles y pasajeros, sino que el fin común es la verdadera felicidad de todas las especies.

# Para el Cuidado del Medio Ambiente
## se requiere trabajar en equipo

No hay "Yo" en la palabra equipo y no dependemos de nosotros mismos, sino que estamos en interdependencia de hombres y también dependemos de todas las especies porque estamos dentro de una cadena de vida y eso significa que ninguno nacimos para nosotros mismos sino que otros nos pensaron para llegar a ser un "yo" que si bien es individual, para ser verdaderamente felices necesitamos vivir en armonía con otros "no yo".

Opino que el que entiende lo anterior, llegará a ser sabio y llegará a tenerlo todo, aunque no tenga nada de lo que ambiciona el vulgo.

Hasta el Universo entero se mueve en equilibrio dinámico por un Gran Entendimiento, y sólo los hombres nos conformamos a vivir y a movernos por la fuerza de los instintos.

Digo que si el hombre ambiciona tener más riqueza material, aun no acabándose en vida la que tiene... ¡Entonces es muy pobre!

Por lo tanto, la pobreza o la riqueza materiales son sólo relativos, pues sólo es rico o pobre quien crea que lo es.

Por lo que el poder, las dignidades o la riqueza en oro o en dólares y euros no hacen al hombre sabio o de más Calidad Humana o bueno con todas las especies.

Yo creo que la verdadera riqueza, es la amistad con la Sabiduría de arriba y que debemos recoger sus palabras con reverencia, atención y con humildad, porque no tenderemos a ningún poder, si antes no vencemos a nuestros vicios o pasiones... ¡Sólo la virtud es el sumo bien!

Por eso es necesario no sólo sentir el pensamiento, sino que debemos llegar al grado de pensar el sentimiento y aplicar ambos hemisferios de nuestro cerebro tanto de manera racional como espiritual en beneficio de la Naturaleza y el Medio Ambiente.

Si lo intentamos, ya estamos a la mitad del camino de lograrlo porque para los apocados no hay verdadera fiesta y debemos querer a la Naturaleza más que a nosotros mismos, porque hasta los arroyos sueñan con ser espejos donde se miren las princesas y estoy firmando con la pluma lo que están afirmando mis labios para que en el futuro los galanes tanto reyes como príncipes o los caballeros sigan llevando flores a sus damas.

¡Así que si no cuido el Medio Ambiente, no me reconocería ni la madre que me parió!

Porque desde pequeños nos enseñaron a colocar la basura en su lugar, a no maltratar a los animales, a regar los jardines y las plantas.

¿Ya se nos olvidó?

Valiosamente también nos enseñó a llevar nuestros primeros dientes caídos al ratón para relacionarnos la importancia de nuestra naturaleza con otras naturalezas y hoy que creemos que nuestros dientes son perlas... de tanto mentir, sólo llevamos no solamente a los ratones, infamias y menosprecios a todas las especies y no nos damos cuenta que solo la sabia Naturaleza hasta de un grano de arena alojado en una concha coralífera ... lo transforma en una hermosa perla radiante que lucirá una princesa.

¡Con la Naturaleza, si no podemos ser rey al menos hay que ser caballero!

Y atrevámonos a vencer la incertidumbre cuando la lengua diga que sí; pero nuestras acciones dicen que no.

Así que hagamos buenas leyes para proteger el Medio Ambiente, porque las leyes las hacen los verdaderos reyes, para que nuestros ojos sigan disfrutando las flores en los campos y creo que no se necesitan armas para obligarnos a cuidar el Medio Ambiente porque son más nobles las razones y el honor de los hombres cuando están de acuerdo sus buenas voluntades y sólo basta querer proteger a la Naturaleza para ejecutarlo aunque tengamos que regar la Tierra con nuestro llanto y romper nuestras quejas en los aires; pero también que sean acciones de trabajo y que en equilibrio vayan por nuestro Planeta porque tenemos una deuda o compromiso de vida con nuestro espacio y nuestro tiempo.

Es bueno querer saber todas las cosas y no únicamente pasar nuestra vida en risas, sino hasta respetar la santa fe del silencio de la Naturaleza para escudriñar sus misterios entre el cuchillo fraguado por la Ciencia y la Religión y sin temer a las envidias y a las murmuraciones porque hasta los abrazos pueden ser falsos.

Por eso conviene ser precavidos y donde no nos llaman no debemos ir...y menos con prisa porque la fama vuela.

Y es que, a veces no logramos saber ni cómo es que el hombre mira u oye o ni aún si nace la mañana de la noche; pero el temor de morir nos da alas en los pies de la religión y la Ciencia... ¡Y todo lo puede la buena voluntad!

Para no dejar que los vicios nos aten más que las cadenas.

Por eso la lectura debe ser extensa para dejar de ser "burros y orejones", con el perdón de los burros; pero no es bueno pasar la vida en silencio porque nuestras palabras deben igualar a nuestros hechos porque el hombre superior se sitúa por encima del lujo inútil o la avaricia por explotar la Naturaleza.

Por eso creo que hasta en la paz o en las guerras deben reinar las buenas costumbres y las virtudes para ser personas de Calidad Humana.

Para ser ricos en ética no hay que huir del trabajo ni dar malos ejemplos, porque más que castigar los delitos en materia de Medio Ambiente, vale más prevenirlos con una Calidad Humana y si eso deseamos con ansia no habrá diligencia que nos baste porque no es prudencia dejar lo cierto de la Naturaleza de nuestro mundo por heredar una burbuja construida por el hombre en una estación espacial, en la Luna o en otro planeta.

Por eso es mejor ser noble por uno mismo, porque si heredamos la nobleza, sólo estaremos caminando en los pies de los muertos, porque nos estaríamos escudando en una nobleza que no sabríamos como la adquirieron o si compraron esos títulos de nobleza... es mejor que lleguemos a ser hombres de Calidad Humana.

Es muy válido entonces crecer materialmente; pero sin descuidar lo espiritual y para eso necesitamos ponernos límites entre el desarrollo y la investigación científica o tecnológica; pero sin descuidar el florecimiento humanístico para que con el aliento de nuestra vida y con el fuego de nuestro corazón defendamos a la Naturaleza para que ella a su vez nos siga alimentando y protegiendo, no sólo a nosotros, sino a todas las especies, y aunque nada sea duradero ni para siempre, porque todo se desvanece como las alegrías y las tristezas en el devenir histórico de nuestras vidas biológicas y culturales.

Por lo tanto aunque juntemos la noche con el día, dejemos que hable nuestro amor por la Ecología... en un sueño romántico y eterno.

Y para lograrlo, necesitamos la elocuencia en el lenguaje, pero también la firmeza de nuestro corazón, la pureza y la verdad en las palabras y los hechos.

Mientras estamos vivos, sí sabemos que valemos más que el último león muerto; pero ya no nos recrearemos con su rugido o con el símbolo de su valor... por eso la conquista de la gloria de la conservación de las especies es con el esfuerzo conjunto de los hombres verdaderamente libres y de Calidad Humana.

Y sólo la ambición humana será la causa de la desdicha en los hombres esclavos que como explotados contribuyen a la riqueza material de unos pocos hombres de la Tierra.

Por eso creo que sólo el verdadero hombre se debe a sus semejantes como un verdadero Prometeo, sin importar los Faraones o los Césares.

# Filosofía verde

Si dejamos un mundo ecológico no moriremos del todo... por eso deberemos acercarnos a los hombres sabios y prudentes o maestros o científicos que estudian la Ecología y el Medio Ambiente, porque sólo nos instruimos cuando escuchamos las conversaciones de los sabios.

Mientras que si sólo lloramos o sentimos pesares por la Naturaleza... eso no dará la vida a las especies extinguidas.

Son más bien las acciones para no seguir contaminando más las que verdaderamente cuentan.

Así que seamos hombres de Calidad Humana y siquiera sembremos semillas de la sabia modestia y el buen juicio para vestirnos de todos los Valores que nos dan la Calidad Humana para llegar a ser el esclavo fiel y discreto que cuida la buena tierra del Dueño de todo el Universo... pues sólo somos huéspedes temporales en este hermoso Planeta.

Así que seamos hombres honrados y verídicos, gustando el sabor de todas las virtudes humanas y enterremos nuestros vicios... aunque el Diablo se ría.

Es nuestro deber acordarnos de todas las criaturas y cacemos sólo por la comida sin exterminar las especies... aunque unos pocos de nosotros mueran como les plazca.

Debemos actuar ahora a favor de la Naturaleza, para no llegar a estar lamentándonos después, pues no serviría de nada y si tenemos razón en el Movimiento Verde por toda la Tierra... ¡Hasta Dios ayudará!

Porque si decimos que no se puede, es que realmente no queremos; pero como verdaderos hombres cumplamos nuestra palabra sobre El Cuidado del Medio Ambiente, cada cual en su campo o en su pequeña parcela, ya sea el científico protegiendo una sola especie de cactáceas, el maestro enseñando y convenciendo a sus estudiantes de realizar proyectos de protección al Medio Ambiente... y hasta el niño que riega el jardín o las plantas o al que alimenta al canario o el que no le pisa la cola al gato, porque aunque sean pequeños principios de Ética y Valores, contribuirán al gran fin de proteger la Naturaleza.

Sí creo que con el tiempo aumentaremos nuestra Calidad Humana en todas las comunidades, como aumenta su valor el diamante... y como lucha el carbón aun silenciosamente o modestamente, sigamos trabajando con mucho tesón pese a todas las dificultades por la supervivencia de todas las especies.

Así que para llegar a ser personas de Calidad Humana tenemos que echar mano de la enseñanza y para ello:

- Expongamos el tema de la Naturaleza a nuestros estudiantes.
- Confrontemos la problemática de la supervivencia de las especies.
- Disputemos dialécticamente; pero lleguemos a acuerdos.
- Demos una respuesta con buen juicio.

Pero intuyamos la verdad siempre perenne que hay en todas las especies y aunque volvamos a hacer especulaciones, tomemos en cuenta que en la razón también está la fe de la especie humana.

Y en esa intuición agreguemos la experiencia y eso nos dará el conocimiento, el cual en coherencia con la realidad en materia de Ecología y Medio Ambiente, más una lógica de que estamos vivos por una Causa.

Eso nos dará la Sabiduría para ordenar rectamente las cosas para reinar equilibradamente con las especies vegetales y animales porque es propio de los hombres sabios considerar siempre las causas más altas.

Y tan sólo somos un efecto que no podemos igualarnos con la Capacidad de la Causa; pero nos impide conocer la Verdad, la pereza, la falta de tiempo y nuestra propia falta de capacidad porque si somos soberbios en conocimiento nos estaremos alejando más de la Verdad.

Así que si queremos obtener El Cuidado del Medio Ambiente, es precisamente CREER que lo podemos hacer... y todo lo demás es solo probabilidad, pero como somos sujetos cognoscentes nuestro tiempo es la medida del movimiento a favor de la Ecología y el Medio Ambiente.

Si conocemos la Naturaleza, perfeccionaremos nuestro entendimiento para actuar a favor de ella con nuestra potencia operativa y cognoscitiva.

Y aunque nuestra inteligencia sea inmaterial, nuestras acciones movidas por la buena voluntad harán bien a las especies, porque el hombre busca la felicidad en el camino correcto y en equilibrio con la Naturaleza, aplicando el libre albedrío sobre la base del juicio sano de la razón porque las virtudes también son intelectuales o espirituales y aunque no las veamos están en todas partes porque bajo todos los cielos estrellados, reinarás siempre la Ética y los Valores.

Mientras que nuestras pasiones son sólo sensitivas y queremos satisfacerlas por los instintos... y sólo los sabios al ser perfectos o al estar en equilibrio entre las necesidades físicas y espirituales son los hombres verdaderamente felices.

El hombre necesita materia y energía para que con imaginación, conocimiento y creatividad pueda innovar o crear algo.

Mientras que el verdaderamente Sabio y Creador produce algo de la nada y por su sola palabra nacen las estrellas.

Nuestra inteligencia pura no puede producir nada porque sólo se produce con la buena voluntad de querer hacer algo por la Ecología y el Medio Ambiente, entendiendo, queriendo y obrando en favor de las especies.

Y si el hombre persiste en hacer el mal a la Naturaleza, sólo se reducirá al no – ser o a la muerte; mientras que el demostrar amor por la Naturaleza es causa de generación de Ser, de saber, de compartir y vivir en armonía con todas las especies de la Tierra...

Por eso creo que en la Tierra hay buenos y malos caballeros.
¿De qué clase seremos?

Basta con que demos a cada especie el cuidado que merece y más conviene; pero que ningún villano o malvado ponga mano en doncella de una Naturaleza que no ha cuidado.

Porque los buenos lo bueno desean y la cosa más preciada entre los hombres es la lealtad entre los buenos caballeros y no vivir en una paz deshonrosa con la Naturaleza; pero los buenos caballeros luchan siempre contra los malos por su dama que es la Naturaleza y cuidan el Medio Ambiente para ser razonados y esforzados en virtudes, porque faltando el amor, viene el aborrecimiento de la doncella que es también naturaleza.

Así que en un campo de honor quitemos lo triste y lo malo del paisaje y plantemos lo alegre y lo bueno en beneficio de todas las especies.

Digo que es locura alabarse a sí mismos, y el que lo hace es audaz; pero yo opino que es necio porque hasta el niño que lo está escuchando se ríe de su fatuidad.

Por eso si se nos tacha de locos por querer proteger el Medio Ambiente, no nos alabemos porque la locura hace que cada cual encuentre bello lo que hace o lo que ama; pero la vergüenza y el miedo al ridículo dificultan el aprendizaje hasta en los niños y sólo la virtud es la fuente de la verdadera nobleza en todas las edades del hombre.

Y aunque sí es peligroso hablar claramente a los que gobiernan en asuntos de Ecología y Medio Ambiente, ayudémosles a tomar sabias decisiones y liberemos un poco nuestra angustia con nuestra locura por volver a vivir en equilibrio con la Naturaleza.

Para ser feliz, a veces basta con creer que se tiene la felicidad, no lleguemos al extremo de querer ser felices con el exterminio de las especies.

Por lo tanto si no hablamos, se nos entorpece la lengua y si no escribimos se nos entorpece la mano.

Sólo los hombres vulgares se conforman con los bienes materiales, mientras que los que buscan la Calidad Humana, adquieren las virtudes que son espirituales y ninguna cosa se le dificulta al que verdaderamente quiere lograr ambas cosas.

Pero como las plumas y las palabras el viento se las lleva, es mejor que las registremos en documentos y reglamentaciones en asuntos de Ecología Y Medio Ambiente.

Y esos escritos en forma de libros físicos o virtuales hablarán a otros, les enseñarán y les explicarán y aún los harán reflexionar en cuidar el Medio Ambiente... antes que la extinción nos acabe a nosotros mismos.

Por eso considero que la fuente más grande de sabiduría son las Sagradas Escrituras y que la verdadera alegría es tener una conciencia limpia de maldades y llena de virtudes y que mejor es aprender poco; pero con muchas ganas, que oír mucho y mostrar fastidio con acciones que perjudiquen a la Naturaleza.

Por eso también es conveniente para los estudiantes, mirar si lo que dicen los maestros es conforme a lo que verdaderamente hacen, porque la lengua se mama en la leche materna y es mejor mostrar juicio razonable y puesto en práctica por acción de las virtudes.

Aunque es bueno fomentar el respeto a los maestros, es mejor valorarlos en el oro de veinticuatro quilates de los hechos, y si no dan el kilo, es mejor volverse; pero hasta de los malos maestros aprendemos... cuando menos a no ser como ellos.

¿Es usted un buen maestro?

- Con sus hijos.
- Con su personal.
- Con sus estudiantes.
- En el club social.

Porque en asuntos de Ética, si todo lo hace de prisa, desaparecerá de igual forma lo que haga, hasta una obra de arte.

Y si ese arte de la enseñanza es la materia de Ecología y el Medio Ambiente, se puede perder su contenido o carga cultural desde el Jardín de Niños hasta la Educación Superior.

No obstante, tenemos que pensar que sólo Dios es Causa Eficiente no podemos aprender algo que no nos conduzca a un conocimiento mayor y hasta cuando no conocemos alguna cosa la imaginamos, porque el orden y la conexión de las ideas son lo mismo que el orden y conexión de las cosas y continuamente estamos aplicando la memoria para lograr el encadenamiento de las ideas y nos engañamos al creernos libres, sin respetar la libertad de los demás y la libertad de vivir de todas las especies, porque todo está relacionado e interrelacionado con todo en el Universo.

¿Quién puede saber que conoce una cosa, si no la conoce con anterioridad?

¡Por eso es valiosa la memoria, aunque no sepamos en qué parte del cerebro se aloja!

Porque no conoce la verdad absoluta, el hombre turba el orden de la Naturaleza, mientras que el verdadero gozo lleva a perfeccionarnos con un apetito por las virtudes.

Y si estamos tristes, nos conformamos con menos Calidad y por lo tanto disminuye la potencia de obrar a favor de la Naturaleza y de sí mismos.

Por eso opino que lograremos vivir en Equilibrio con la Naturaleza porque creemos fácilmente lo que esperamos; pero sólo si hay autoestima y amor por las especies, porque todo lo que nos afecta de alguna manera, se deriva de si nuestro ánimo es triste o alegre; Por eso aunque haya temor por alguna cosa, el hombre tiene la esperanza de sobresalir.

Si juzgamos que la Naturaleza es útil, la seguiremos cuidando para preservar nuestro ser; entonces veamos lo mejor, aprobémoslo; pero hagamos algo por el Medio Ambiente.

Para que haya una verdadera razón para cuidar el Medio Ambiente, se debe basar en más conocimiento del valor y la interrelación de las especies y de esas ventajas comparativas surgirán los acuerdos en las comunidades, porque si ignoran la Naturaleza, estarán ignorándose a sí mismos y el principio de todas las virtudes nos enseña que sólo los hombres que son verdaderamente libres viven de acuerdo a la razón consciente porque los corazones se vencen con amor y no con razones de fuerza, pues creo que le bastarían a cada uno de nosotros las fuerzas para procurarnos lo necesario.

¡Por eso hay que educar la voluntad para que haga lo que es recto!

Así que no hipotequemos el futuro ecológico de ninguna comunidad del mundo, porque estaríamos cambiando oro por las cuentas de vidrio de Castilla o sacrificando su reputación y su honra por el sólo deseo de amontonar riqueza material en perjuicio de las especies vegetales y animales.

Recordando que hemos de comer para vivir y no vivir para comer... depredando a las especies hasta su extinción.

¿Si te comes todo, después que comerás?

Es necesario ponernos los anteojos allá del bosque... y de lo que hay debajo y arriba del bosque porque sólo la gente para ver más de Calidad lo ve todo y todo lo sabe y si no lo inventa.

Por lo tanto las cosas sólo valen lo que se les hace valer; pero la Educación y transmisión de una Calidad Humana hace valer verdaderamente a los hombres y no olvidemos que la comunidad de cualquier país tiene dos mitades de hombres una que se somete y una que manda; pero ambas se necesitan, se complementan y se desarrollan sólo en equilibrio con la Naturaleza.

Por eso opino que sólo el amor al estudio pone encantadoras dulzuras en los corazones intelectuales y que si se hace de las virtudes que se enseñan con el ejemplo, es como si poseyera los tesoros más valiosos de la Tierra.

¡Mi cuerpo es mi yo y quiero cuidarlo!

Y aunque entreguemos esa cubierta temporal a la Naturaleza, la hermosura de los seres humanos como espíritu seguirá firme y duradero en muchas generaciones.

Por eso digo que yo odio la Ciencia y la religión, pero sólo cuando echan a perder la potencialidad del Espíritu Universal que está en todos los seres humanos.

Por eso no se ha de querer obtener un corazón a fuerzas, sea el de un estudiante, el de un familiar... o el de una doncella, si no sabemos ganar ese corazón o voluntariamente no se nos entrega.

¡Aunque todos se pierdan en la sociedad, tú consérvate!

Algunas personas no soportan que otras puedan tener los placeres o las alegrías que a ellas les faltan... y lo buscarán a usted, estimado lector y le dirán "no seas malo, sufre conmigo y eso me aliviará".

Por eso, sólo el que se instruye y se deleita en sus lecciones, goza de la paz profunda que sólo da la espiritualidad y por eso el sabio sabe diferenciar lo falso de lo verdadero; pero no hay que odiar el pecador, sino al pecado.

Si aún tenemos tiempo para salvar una sola especie de la Tierra, hagámoslo, pues se alarga el camino del dicho al hecho y el amor así mismo sólo nos engaña.

Por lo tanto hay que ser auténtico en mostrar la virtud y no mostremos sólo la apariencia de virtud, porque las riquezas materiales corrompen casi siempre el corazón del hombre y al final del camino de la vida sólo se llevará sus dientes... y a veces también son falsos esos dientes.

No basta con que nos aplaudan, eso no salvará al Planeta, pues sólo halaga la vanidad; pero no vivirá el sabio de aplausos pues necesita el concierto de las especies; pero el sabio sí está por encima de las injurias que puedan decirle los que todo lo ignoran.

Así en materia de Ecología y Medio Ambiente, partamos de conceptos, establezcamos juicios; pero concluyamos con verdaderas acciones a favor de todas las especies.

Estoy convencido de que es locura corregir el mundo; pero es necesario intentar hacerlo por medio de virtudes sociales y fundados cada uno de nosotros en relativas preferencias y en nuestros propios campos de influencia; Pero antes consideremos que será un defecto de nuestra parte si somos más sinceros de lo que conviene, porque aun cuando se tengan cien hermosas cualidades, lo más común será mirar sólo los defectos y aún el que no lo favorezca a usted, lo puede perjudicar porque sólo los verdaderos amantes, aman hasta los defectos del amado.

Por eso ocúpese más en sus actos que en los ajenos, porque cada uno tiene una relativa razón según su edad en la vida, según su educación y según sus gustos, pues a fin de cuentas los únicos que viven como verdaderos lobos son los seres humanos y por eso exterminan a esa especie para que viva sólo el hombre – lobo.

Así que en asuntos de Ecología y Medio Ambiente, hagamos lo que el artista escultor: Que sabe que en el mármol se graba la obra con más cuidado y con más trabajo, que trabajar con arena; pero la inscripción del grabado perdurará más en el tiempo para que otras generaciones admiren su escultura, pues lo mismo sucederá según la manera como grabemos las lecciones en los educandos.

De otra manera sólo seríamos habilísimos en lo que les hablamos; pero los estudiantes percibirían que somos ignorantísimos en lo que hacemos.

¡Por eso, el mejor maestro es usted mismo, porque aunque tenga como modelo a alguien superior, usted no lo tiene a su lado; Pero lo que sí tiene es la oportunidad de desarrollar un ser humano de más Calidad Cultural... y está allí en su espacio y su tiempo!

En asuntos de Ecología Y Medio Ambiente, la pulcritud disimula la pobreza.

Vale más la paz de una humilde casa en una comunidad que las intrigas en un palacio de gobierno, porque quien bien obra en Ecología, no tiene por qué temer nada, pues la virtud siempre trae recompensa.

Así que utilice palabras amables, porque son como bellas flores de aromático perfume o son como gemas preciosas que atraen adeptos al cuidado de las especies; pero si utiliza palabras obscenas o ásperas, serán como alacranes y serpientes o de un olor putrefacto que aleja el corazón del estudiante del maestro, mientras que con amabilidad todo se puede y todo se consigue.

No vale tanto la hermosura o apariencia del maestro, si no tiene talento en el proceso de la Enseñanza y el Aprendizaje.

¡Así que cultivemos el talento!

¿Es razonable que las personas inteligentes sean más desdichadas que las ignorantes?

Recuerde que sus estudiantes que ahora son pequeños, llegarán a ser grandes mañana.

Porque en la Naturaleza con una pequeña semilla de cedro, surge un hermoso bosque.

Así que siembre, plante, y riegue porque con la lluvia y el Sol, la Naturaleza todo lo renueva.

Los ojos del hombre sabio, iluminarán el camino de los ignorantes que, aunque a pesar de que físicamente no vean claro, será peor intelectualmente porque si no saben es como si no vieran.

En la especie humana, mejor es un hombre pobre; pero que sea sabio, que un rico que es necio, y sólo la Sabiduría de la verdadera vida es mejor que la fuerza porque las palabras del sabio salen con gracia de su boca.

Si el hombre no aumenta su saber, estará también destruyendo lo poco que aún tiene.

El hombre de Calidad Humana, realmente sabe vivir, con Justicia, Verdad, Belleza y Amor; pero recordando que no es la acumulación de estudios o de conocimientos memorísticos lo que vale; si no que son las virtudes en Acción las que dan la verdadera felicidad.

Por eso creo que para la conservación de las especies, la obra es grande y el día es muy breve, por eso la Sabiduría no se les da a los insensatos, pues sólo buscan el placer y cuando se embriagan, imitan a los animales, porque primero son leones cuando se sienten valientes, luego son monos porque al sentirse alegres hacen payasadas y ríen como locos y finalmente se revuelcan como cerdos en su propios vómitos cuando ya no son conscientes de sus sentidos.

Enseñemos Ecología como un rocío que aunque cae lentamente hace bien a las plantas, y si lo hacemos de esa suave manera mostraremos competencia; y por el contrario si nuestra enseñanza es como un aguacero, heriremos a los estudiantes que son como tiernas plantas que están creciendo físicamente... e intelectualmente.

Por eso sólo se sobresale en este mundo por el mérito personal y toda organización social es imperfecta.

Dentro de la especie humana, a algunos les gustan las cosas especulativas y a otros las cosas prácticas; pero ambos tipos son valiosos porque se complementan aunque sus costumbres cambien con el tiempo.

Pero un hombre que dice que es bueno para todo, en realidad no es bueno para nada.

Por lo tanto hay que laborar para hacerse digno de un cargo y los buenos motivos en la vida regulan las acciones de los hombres; pero lo que es bien cierto es que hay que cumplir con el deber para poder gozar de otros derechos.

No nos burlemos de los estudiantes en Ecología y Medio Ambiente, pues si lo hacemos en realidad les estaríamos mostrando la pobreza de nuestro espíritu, pues el talento se muestra en lo bueno, lo bello, lo justo, lo sublime y en la Calidad Humana.

Ennoblezcamos en los estudiantes la fuerza del pensar y el escribir, fomentando la crítica reflexiva para que sepan construir sus propios conocimientos.

Así que el maestro tiene como principal cualidad para hablar bien, la honestidad de sus pensamientos y sus acciones.

Y sólo la necesidad de la Enseñanza y el Aprendizaje es la que reconcilia a la especie humana con las demás especies.

Es mi firme opinión de que, sólo el equilibrio con la Naturaleza, favorece la libertad para que los hombres desarrollen las Artes y las Letras, pues el hombre obtiene sus inspiraciones sobre la base de las plantas, los animales, las cascadas, los ríos, las selvas y de esa atención nacen las esculturas, la pintura, la danza, la poesía, el cine, el teatro y la música...¡Y todo en la Naturaleza es tan magníficamente bello y perfecto como la inspiración de un Diseñador de Calidad !.

Por eso digo que, aún si los sabios rechazan a Dios... El seguirá existiendo sin ellos.

Como especie humana, somos parte de ese Espíritu que todo lo inventa, todo lo examina y todo lo ejecuta.

Parte de ese Espíritu Universal, nos da la moralidad para saber vivir en sociedad y que sólo cuando los hombres pierden la idea de Dios, se precipitan en todos los vicios a pesar de que haya leyes.

Es entonces un cúmulo de conocimientos mal digeridos lo que hace malos a los hombres hacia todas las demás especies, no es entonces la ignorancia en sí misma; si no una mala interpretación de querer ser como los dioses.

Sólo la Ética, es la que contraataca la inmoralidad humana y al abuso que se hace de la Naturaleza, como si aborrecieran lo que tienen por una búsqueda insaciable de lo que no tienen y hasta cuando el hombre se hace insensible a lo justo, a lo bello y a lo bueno es cuando se empiezan a perder los Valores y si aunado a eso se hace irreverente o irreligioso entonces se transforma en una fiera que sólo quiere satisfacer sus instintos y pierde hasta el más mínimo respeto por la Naturaleza y hacia su misma especie ... y entonces es sólo la educación lo que le sirve hasta cierto punto de freno en su libertinaje que lo impele a buscar el pan y el vestido o un lugar dónde vivir aún a costa de su dignidad como persona y cae en una prostitución no sólo moral, sino espiritual, pues en lugar de adorar al Creador de Todo, adora a los ídolos de cobre, yeso u otro material o a los objetos como el dinero o a las estrellas del deporte o de la radio y la televisión.

¡Así que cuando corramos la carrera de la vida, cuidémonos de que no nos alcance la maldad!

Más bien debemos apropiarnos de la ventaja que nos ofrece la sabia educación para seguir viviendo en armonía con el Medio Ambiente.

Porque todo puede perderse; pero no el honor de ser una persona de Calidad Humana.

Así que no es bueno envanecerse en el triunfo académico, ni llorar demasiado cuando no obtenemos los resultados no esperados.

Pero si queremos corregir o ayudar a alguien, lo primero es corregirse uno mismo y ayudarnos primero nosotros, sólo así podremos estar en potencia de hacer algo por la Naturaleza y las demás especies, y si nos vestimos con modestia y buen juicio, no estaremos desnudos ante quien se viste sólo con altanería aunque sea la autoridad.

Porque aunque esté bien mandar con imperio y sea necesario suplicar con palabras de ternura; también es cierto que no hay que encorvarse por las reverencias.

¡Sólo que no tomemos a un loco por guía!

Y recordando que es preferible la muerte a la deshonra, aun cuando estemos mostrando cortesía con nuestra lengua y sin ruindad en nuestras acciones; es necesario que ni por todos los tesoros del mundo vendamos la paz de las virtudes y que no nos apartemos del camino recto, porque cuando tenemos tranquilidad de espíritu podemos luchar contra los huracanes más furiosos.

¡Que no nos ofendan los locos, porque como ignoran lo que dicen, en realidad no nos están diciendo nada!

Debemos pues, fortalecer y valorar nuestra naturaleza individual para poder incidir en lo colectivo.

Como ningún científico puede explicar el amor, preguntemos mejor a la Sabiduría para devolver nuestro tiempo a la Eternidad, porque es mejor tener fe sin amor; que fe sin amor; pero cuando pase la felicidad no la dejemos escapar y tampoco la ahoguemos con nuestros brazos.

Es necesario atrevernos a saber no sólo por la experiencia; si no que hay cosas más allá de toda experiencia posible y sólo se logra con trascendencia reflejada en una Calidad de Vida.

Aunque no podamos definir al espacio y al tiempo por ser intuiciones puras; pero sobre la base de ellos se construyen las realidades y el aumento en la Calidad de nuestra conciencia como seres humanos.

Sólo que es necesario utilizar el análisis y la síntesis para la solución de todos los problemas y sobre todo en asuntos de Ecología y Medio Ambiente.

Es cierto también que es necesario fomentar la libertad porque gracias a ella nace la conciencia de poder realizar propósitos y los ideales más nobles de la vida.

Con la unión de todos los hombres de Calidad Humana, nace la Ética Social para el fortalecimiento de las buenas costumbres a favor de los mismos hombres y de todas las demás especies, plasmados en leyes y derechos que hacen compatible la libertad de cada una de las especies con la de las demás y es la buena voluntad la que dirige las acciones, porque es un deber para cada especie conservar esa libertad; pero no en perjuicio de las demás especies.

Entonces los seres racionales, sólo son dignos de ser llamados así si son personas de Calidad Humana, porque su misma naturaleza los debe distinguir como una especie que merece respeto; pero que para vivir en armonía con la Naturaleza, debe respetar el derecho de otras especies para que no se extingan de la faz del Planeta.

Por eso a las personas de Calidad Humana, no les podemos negar el mérito a lo que tienen derecho.

¿Es usted una persona de Calidad Humana?

Aunque todos los seres humanos, buscamos por naturaleza nuestra propia felicidad, debe existir una concordancia entre la felicidad de los demás y entre nuestro derecho, sin infringir el de los demás... y ese mismo derecho aunque sea relativo tienen todas las demás especies.

Por lo tanto la Naturaleza misma, exige moderación y continencia en la inclinación de los instintos.

Por eso creo que hasta para alcanzar la felicidad, debemos ser dignos de merecerla.

Así que no debe de haber sólo legalidad en las acciones que realicemos en asuntos de ecología y Medio Ambiente, sino que también debe de haber Ética y Valores en las intenciones.

Por lo tanto creo que los hombres sabios deben rechazar las banderas políticas o las propagandas ideológicas de un cierto país cuando está en peligro toda la especie humana.

La verdadera libertad entonces, es la posibilidad de las acciones que no perjudiquen ni a uno mismo en lo individual, ni al colectivo, y debemos sentirnos en Ecología y Medio Ambiente, como verdaderos ciudadanos universales o cosmopolitas, viviendo en pacíficas relaciones pues es más loable la búsqueda de la felicidad de todas las especies del Planeta.

### ¿O un animal no tiene derecho a ser tratado bien?

Por eso creo que el hombre debe ante todo, desarrollar su grandeza espiritual y poder conciliar la Ciencia con la Religión, dentro de lo más posible porque podemos justificar el saber sólo cuando crea cosas útiles y bellas para mejorar la Calidad de Vida de todos los seres humanos y en beneficio de todas las demás especies.

Podemos aplicar nuestra voluntad para buscar la grandeza material sin menoscabo de la grandeza espiritual... tan sólo con observar la armonía que reina en todo el Universo.

Yo creo que sí somos capaces de combinar el intelecto con una imaginación creadora porque el Cielo no niega que se cumplan los bellos ideales y más si están aplicados a la Naturaleza.

Entonces un proyecto como la Conservación del Medio Ambiente, concebido por gentes de Calidad Humana y reclamado por todas las especies de la Tierra, no debe abandonarse aunque presente enormes dificultades.

Ahora que ya somos jóvenes u hombres adultos, no olvidemos con ingratitud lo que la Naturaleza hizo por nosotros cuando niños y respetemos por lo menos los sueños que tuvimos cuando fuimos niños, si no somos capaces de realizarlos.

La virtud puede ser difícil de alcanzar; pero jamás daña a toda criatura humana.

Hay hombres que imponen respeto por su virtud, aunque estén vestidos con pobreza.

Busquemos nuevamente nuestro ideal de progreso material y humano; pero con un sentido de trascendencia para todas las especies del Planeta.

¿Se nos hace difícil lograr la Calidad Humana?

¡Bueno, recuerde que hasta en el estiércol se pueden encontrar algunas piedras preciosas!

En la vida, primero tiene que sentirse respeto por uno mismo y luego respetar la dignidad de los padres, de los niños y de los ancianos... y hasta sentir respeto por los animales y las plantas, pues recuerde que son seres vivos y que son útiles para todos en el concierto de la vida.

Hay que estar entre los seres humanos que son dignos y sentir el placer de trabajar con las gentes extraordinarias o excelsas.

No hay que sentir que lo antiguo es clásico por su antigüedad misma, sino que el arte clásico tanto en Literatura como en otras artes, lo es por fresco, por vigoroso, por alegre, por lo sano... y sobre todo por lo armonioso con la Naturaleza.

Adquiramos conocimiento y nuestra conciencia será más grande, con más Calidad Humana y sobre todo más lúcida y completa.

Si usted como maestro, logra poner de buen humor a sus estudiantes, el aprendizaje sobre Ecología y Medio Ambiente o de cualquier otro tema, estará garantizado.

El conocer es más cómodo que el hacer; pero el espíritu se recrea mediante la observación y las ideas sensibles e ideales, porque la vida en sí misma es un sumo bien para todas las especies vegetales y animales.

Y con el ingenio le encontramos valor e interés a todos los aspectos de la vida.

Hasta sí contemplamos un hermoso cuadro pictórico, se despertarán en nosotros los sentidos y le buscaremos ciertas relaciones y aplicaciones haciendo uso de nuestra creatividad.

Los seres humanos de Calidad son emprendedores de proyectos y sólo buscan el tiempo y las circunstancias apropiadas y si no se presentan genera estrategias para cambiar sus circunstancias, pues siempre sobra tiempo cuando se sabe emplearlo sin desperdiciarlo, porque no es cierto que sea oro, sino que es vida y si las personas quieren matar al tiempo, es el tiempo en realidad el que mata a las personas que teniendo ocio no saben emplearlo de manera productiva.

En materia de Ecología y Medio Ambiente, cuando el consuelo no basta para la tristeza que nos embarga por su deterioro, nos queda siempre la esperanza de construir un futuro mejor con gente de más Calidad Humana.

¡Porque si queremos algo valioso, algo valioso nos va a costar!

Para cambiar nuestras circunstancias, la necesidad y el amor por todas las especies serán nuestros mejores maestros.

Por eso, la más alta misión de todo arte, consiste en proporcionar mediante la apariencia estética, la ilusión de una superior realidad.

Pero una regla de oro que tenemos que respetar en la Naturaleza, es vivir y dejar vivir a las especies o aprovechar los recursos... pero sin llegar a exterminar a ninguna especie eh allí la verdadera Sabiduría.

Por eso para entender a la Naturaleza, tenemos que aprender en sus páginas de vida abundante.

Si cometemos errores es porque estamos trabajando, sólo que las personas de calidad Humana, no cometen dos veces los mismos errores, por eso fijan las ideas en pensamientos duraderos.

En la Naturaleza, las cosas más pequeñas se entretejen para armonizar con el Todo, y si queremos llegar al corazón de las especies, tenemos que poner nuestro corazón en ello, en un decir **Amo Ergo Sum**.

# Personas de Calidad Humana

Los franceses usan la palabra *cualité* para referirse a una persona que posee cualidades positivas, de tal forma que dicen ese maestro tiene gran calidad, humana...y lo mismo en el caso de un médico o de una enfermera.

Las personas de Calidad Humana, heredan en los genes, esas cualidades a sus hijos.

Así que todo puede llevarlo a cabo la persona de Calidad noble y por eso aman a quien desea lo imposible, porque la existencia es un deber aunque la vida dure un solo instante en comparación con la Eternidad.

Por eso creo que la vida humana no es más que un sueño... pero que es tan real como uno lo haga posible... y más con la educación que vale más que la instrucción.

Sólo que si nos dejamos arrastrar por nuestras pasiones, perderemos la libertad para reflexionar serenamente; pero aun así, debemos sentir alegría de vivir nuestra oportunidad de Calidad de Vida, porque con la Ética y los Valores todo se sobrelleva.

Hasta las aves parecen disfrutar la vida y la manifiestan cuando cansadas de trabajar regresan a sus nidos y transmiten el ánimo de vivir a sus críos.

Debemos luchar par a vencer nuestros defectos y la necesidad de desprendernos de un solo defecto, será la madre de la invectiva para lograrlo.

La vanidad estropea al genio y sólo el hombre sabio vive felizmente, pues todo lo tiene y hace de su biblioteca un paraíso, por eso la sencillez del sabio es la mejor de sus cualidades.

Por eso manifestamos amor, respeto y confianza hacia las personas de Calidad Humana.

El bienestar de todas las especies, es hacer lo que a cada uno nos corresponda y aunque pasen los años, seguir con un corazón joven.

El hombre de Calidad Humana, no necesita usar la violencia y sin embargo impone autoridad por el ejemplo de sus acciones porque el amor a todas las especies embellece todo lo que toca y siempre tiene una gran paciencia para enseñar a otros, porque comprende el pasado, lo reflexiona en el presente y construye más conocimiento para enfrentar la incertidumbre del futuro y hasta con una simple palabra de ternura cura muchos males y hasta en medio del desierto construye un oasis.

**El hombre de Calidad Humana**, lo asemejo a una gaviota, siempre incansable, con sed de libertad; Pero siempre serena porque aún en plenas tempestades vuela más alto que las rugientes olas.

Así navega en el mar de las ideas y aprende aún de sus errores, pues comprende que lo mejor de la vida es amar y ser amado por todas las especies, porque lo que le abre siempre las puertas, es su bondad y su inteligencia.

Así que no hay ningún lugar en la Tierra que el Cielo no pueda curar; pero sí podemos quitar la cizaña del trigo.

Amenazar a la Naturaleza, es como ir contra el león con un pequeño palo, más bien hay que ir a la Naturaleza, dándole cuidados... y nos recompensará con ciento por uno y si no lo hacemos así, mañana de seguro las campanas están doblando por alguna extinción de las especies.

¡Y lo noble de la Naturaleza es que, no se mancha ni con la sangre malvada!

Es por eso que digo que, aunque el hombre de Calidad esté callado, su cabeza está siempre reflexionando para construir discursos orales y escritos, porque uno de los mayores placeres del mundo es intercambiar pensamientos, impresiones y sentimientos con los demás seres humanos.

Y considero que hay más pureza y brutalidad entre los que no aman y entre los que no han recibido el maravilloso proceso de la enseñanza y el aprendizaje.

Y aunque yo juzgue que, un asunto es insignificante, siempre hay alguien que juzgará que para él es muy importante, por lo tanto lo más conveniente es llegar "a acuerdos de verdad" sobre un asunto y las ideas serán las que se irán imponiendo por sí mismas y cada uno goza a su manera su verdad relativa; sin embargo es necesario estudiar y comparar las obras de los grandes maestros y confrontar sus conclusiones o recomendaciones con nuestras creencias y mediante esa comparación obtendremos una síntesis que nos habilitará prácticamente e intelectualmente para la construcción de un mundo mejor… y más en el campo de la Ecología y el Medio Ambiente, donde siempre estamos inventando nuevas pieles para abrigar nuestra delicada y fina piel o hasta débil si así la consideramos; pero que no necesariamente tiene que ser a costa de acabar con las especies.

Toda la vida humana de una generación, no sirve más que como una preparación práctica e intelectual para la siguiente generación y por lo tanto el aprovechamiento del tiempo en la construcción de nuevos conocimientos es vital, porque la larga escala de conocimientos sólo se adquiere como le entra el agua al coco, "poco a poco" o sea paulatinamente como el recibo de una herencia cultural de unas generaciones a otras.

En esto es mejor confesar que, no entendemos francamente nada de tal o cual asunto y de verdad que es preferible en lugar de que hipócritamente finjamos entender algo de los asuntos o cosas de las que no tenemos ni la menor idea.

Por lo tanto yo creo que el talento es el don Divino más precioso que tienen las personas de gran Calidad Humana y que considero que el artista verdadero es sublime tanto en lo humilde como en lo grande...no seamos tacaños al esconder nuestros talentos...porque nos van a preguntar qué hicimos con nuestros talento.

En las calles de la humanidad, muchos pies han dejado en ellas sus huellas, y opino que eso es trascendencia... dejar huella para las siguientes generaciones es lo que realmente buscan las personas de Calidad Humana, que se visten con la Ética y los Valores, sin esconder por eso los talentos, porque en la vida nada hay más grato que debérselo todo a uno mismo y trabajar para que la siguiente generación sea mejor y que viva en paz con la Naturaleza.

Aunque si bien es cierto que, unos hombres nacen para mandar y otros para obedecer; pero donde es necesaria la cooperación porque ambos grupos se complementan y en esto sólo opino que las inclinaciones de las personas son según la leche que mamaron.

Por otra parte, si un país se ha quedado sin bosques no tiene por qué envidiar al que conserva los suyos, ni tiene por qué tratar de buscar que también los pierda.

Por lo tanto hay que tener buen sentido práctico y apropiado para tener contentas a las personas de uno y otro bando y yo creo que ese sentido humano es la materia de Ecología y Medio Ambiente, la que justamente debe marcar la orientación hacia lo que debe ser conveniente no sólo a dos regiones o países, sino a todas las comunidades del mundo y para esto hay que formar hombres de Calidad Humana en todos los niveles educativos, porque los hombres nobles y con experiencia intelectual y práctica son los apropiados para tener contentas a todas las personas sin el exterminio de las especies y otros recursos.

Yo creo que sólo la agricultura da rendimiento; pero sustentable es la que apega el hombre a la comunidad y aunado a eso el amor y el respeto de los miembros de toda su sociedad y las relaciones pacíficas con otras comunidades, fomentando la abundancia interna en alimentos y con sus excedentes para exportación.

De lo contrario si hay baja productividad, las tierras quedan ociosas y no satisfacen las necesidades básicas de la población y vienen las presiones sociales, religiosas, morales, culturales y políticas... y todo eso corrompe la moral tanto física como espiritual de toda comunidad.

Me parece que todos los seres humanos tienen un mismo tronco común y creo que fueron inteligentes desde un principio y que aunque fueron dispersados por toda la Tierra, tuvieron un lenguaje común y que posteriormente se fue diversificando de acuerdo a las realidades y temporalidades y que aunque hay muchas variedades o razas de hombres, la especie sigue siendo...y seguirá siendo la misma.

También creo que el ser humano, no es que tenga un alma, sino que es un alma, pero sí creo que tiene espíritu y eso es lo que lo anima y es el Soplo Divino (**ruaj**) de Yahvé o Jehová, que le da al hombre el libre albedrío o el espíritu de libertad para defender la Ética, la justicia, la libertad, la belleza, y la bondad en cualquier parte de la Tierra.

Y aún creo que tiene en sí mismo el amor por la Naturaleza y las demás especies; pero que siempre hay grupos minoritarios que se inclinan por la maldad y que sólo quieren explotar indiscriminadamente los recursos en sus mezquinos intereses; pero en perjuicio de la gran mayoría de los seres humanos.

Por eso creo que hay que escoger LO VERDE o la vida como usted guste.

Y eso es estar a favor de un cambio en el desarrollo; pero Sustentable y enderezar lo que se ha torcido en asuntos de Ecología y Medio Ambiente, para no enfrentar la muerte de las especies, sino buscar las alternativas que les permitan seguir existiendo, y que aún si no se presenta la oportunidad, somos nosotros, cada cual en su campo de acción, los que tenemos que crear las oportunidades.

Y opino que tenemos que ser como un Robín Hood, moderno o sea un defensor de las especies débiles ante el abuso de las fuertes compañías de explotación de los recursos naturales.

Está bien que como Robín Hood, tengamos que compartir el alimento, la riqueza y la vida con nuestra misma especie y seguir preservando el Medio Ambiente, en beneficio de todas las especies vegetales y animales.

¡Eso es la lealtad!

Lealtad a uno mismo, a su misma especie y hacia la Tierra Verde.

Así que en la lucha por la vida, tenemos que competir con honor y seguir enfrentando lo difícil, lo retórico con un ánimo por el desarrollo sustentable en todos los campos del saber humano y planear estrategias para lograr los objetivos en asuntos de Cuidado del Medio Ambiente, a corto, mediano y largo plazo; aun sabiendo que la vida es lucha hasta morir; pero morir con dignidad en Calidad de Vida sobre la base de la Ética y los Valores para dejar bien cimentada una plataforma de vida para las siguientes generaciones.

Aunque siempre tenemos prisa para ser felices, tenemos que diferenciar las costumbres tanto Éticas como las justas leyes, hechas para vivir en sociedad.

Y esas leyes nacieron de mentes justas y utilizaron pluma, papel y tinta para heredar los registros en forma de constituciones o leyes de Parlamento para que vivan en armonía otras conciencias y en paz dentro de un mundo ecológico; pero no es fácil y hay que lograr esa dicha; conquistándola y sin permitir que los odios religiosos presten su ayuda a los odios políticos, sino con un *"Cedant Arma Togae"* o sea cediendo la fuerza a las letras, mediante acuerdos ecológicos en asuntos de Medio Ambiente.

Bien sé que mis ideas no son nuevas y que no creo que mi tema salve al mundo; pero por lo menos son humildes reflexiones y comentarios que pretenden hacer reflexionar a otras conciencias para que entre todos lleguemos a ser personas de más Calidad Humana... y en equilibrio con todas las demás especies.

Conozco bien que en los seres intelectuales, se dan más bien las ideas y los sentimientos en comparación de los políticos donde sólo imperan los intereses; pero en material de Ecología Y Medio Ambiente, pudieran ambos entes llegar a "acuerdos de verdad" para proteger a todas las especies, porque enfrentar la incertidumbre de la extinción (aún la del hombre) es la peor de todas las torturas.

Por eso opino que, hay que seguir explotando los ocultos manantiales de la inteligencia humana, porque la felicidad no creo que resida en la riqueza material, sino en una calidad de Vida más integral, con salud, con cultura, con buenas relaciones interpersonales, con integración familiar, en tener una vivienda digna y decorosa, en vestido y alimentación dignos también, en una armonía con la Naturaleza, disfrutando la compañía de animales y plantas, respirando aire puro y bebiendo un agua refrescante y limpia y libre de virus dañinos a la salud humana.

¿Es imposible adquirir esa Calidad de Vida?

Tal vez, pero Dios ama al que desea lo imposible, porque la felicidad consiste en ser sabio y sólo Dios en su Absoluta Sabiduría, creo que es el más feliz de todos los seres porque aunque no tiene millones de dólares…Es el único millonario de estrellas. Y además de eso TODO le pertenece.

Por otro lado opino que, aunque cada individuo tiene su mundo de intereses, sí hay algo que siempre le conviene hacer y eso es "subordinar sus intereses" al interés de su comunidad.

Y creo que esto no basta saberlo de memoria para dominar el conocimiento, sino que realmente sabemos una cosa en asuntos de ecología y Medio Ambiente, cuando lo llevamos al campo de la práctica en beneficio de la colectividad y eso sí que sería estar sedientos de ciencia y en eso es en lo que tenemos que creer, confiar y esperar.

Entonces no hay nada de tanto valor como las buenas razones que se generan sobre la base de la Ética y los Valores, porque tienden al bien común y que si no se aplican al Medio Ambiente, es como andar buscando la felicidad y la dejáramos pasar porque nos lo impide la ceguera intelectual, aunque veamos muy bien físicamente. Como podemos observar este Sol que nos sustenta y a toda la Naturaleza sobre la Tierra, porque el hombre obtiene sus semillas para seguir sembrando las especies, pero Dios es un sembrador de estrellas y sueña que de entre esos soles en los millones y millones de galaxias, sólo bajo nuestro Sol se desarrollaría la Calidad Humana.

Es necesario pues, que nos atrevamos a soñar nosotros que podemos extender todos los jardines y los bosques por todos los confines de la Tierra, llevando vida humana y especies aún a los desiertos para transformar nuestras realidades, aunque cada hombre tenga una pasión que le muerda el fondo del corazón; pero que sólo las acciones de Calidad Humana son las que dejan profundas huellas y que el mal jugador que apuesta en contra de la Naturaleza, perderá no solo lo que tiene, sino aun lo que no tiene y que solo la dignidad es la fuerza que hace superior a los demás para vencer no solo el vicio del juego, sino todos los malos hábitos de gentes sin Calidad Humana.

Yo sé que es mejor hablar poco; pero con verdad y valor en contenido y que quizá estoy abusando de mis lectores con mi rollo de Ecología y Medio Ambiente; pero sí quiero aclarar que tiene un gran contenido y tan extenso y profundo como lo haga el lector valioso en Calidad Humana.

En Ecología no es lo mismo necesidad que pobreza, porque podemos satisfacer la necesidad sin quedarnos en la pobreza al saber explotar racionalmente los recursos naturales o vivir permanentemente en la pobreza por haber acabado con ellos.

Por lo tanto sólo luchando contra la adversidad de perder las especies, la humanidad logrará ser más grande y fuerte y no estarse lamentando por haberlos perdido; porque entonces sí que los ojos anegados en llanto no verán claro el futuro.

Y la muerte de una sola especie es ausencia de vida y de dolor para otras especies.

Y la desgracia de las comunidades en el mundo, significa solo grados de comparación de unas con otras y en relación con sus recursos naturales y ese es el crimen y castigo por el error de no haber comprendido la Ecología y Medio Ambiente.

Entonces sólo la educación, es lo que ennoblece al hombre de Calidad y no sólo la instrucción, porque en la Calidad Humana, se manifiesta claramente la inteligencia, la lucidez y la firmeza en las resoluciones.

Mientras que en las comunidades no educadas, aunque la pobreza no sea un vicio en sí misma, hará que su miseria sean delitos sociales en potencia.

Creo entonces que, en materia de Ecología y Medio Ambiente, todos los secretos acaban por salir a la luz, y que el hombre que explota las perlas en los arrecifes coralíferos, por ejemplo y que no lo hace de manera sustentable, se quedará sin la producción de perlas. Y así en todos los campos y ejemplos que gusten mis lectores, porque en el fondo de la botella, sea cualquiera que sea el vicio... habrá tristeza y más sufrimiento, porque las apariencias engañan siempre y los recursos si no se cuidan siempre son limitados... aún el tiempo de vida de cada persona sobre la Tierra.

Aunque en materia de Ecología, corremos el peligro de ahogarnos en un océano de prejuicios y aunque la pobreza económica no es defecto en sí misma, todavía es peor la pobreza intelectual y moral, porque por ella han sido destruidos los grandes imperios del pasado y lo mismo les está pasando a los presentes, porque solo se aprende al estar en contacto con las generaciones aunque éstas ya estén muertas, si lo hacemos por medio de sus registros culturales y con ellos construimos un mejor futuro para nosotros en materia de Ecología y Medio Ambiente y en todo asunto que esté bajo los cielo estrellados en cualquier punto geográfico y temporal de nuestra Tierra.

Es necesario pues, no habituarse a sólo llevar una vida cómoda o no querer vivir solo de los demás, como usted lo prefiera, sino que hay que adquirir una fuerza espiritual por medio de la Voluntad y el esfuerzo físico y mental por sustentar el Medio Ambiente, en beneficio de todos los seres humanos y de todas las demás especies vegetales y animales.

En cuanto más vive el ser humano, más aprende en la maravillosa interacción de las especies y contrastando las mentiras religiosas, económicas y políticas, es como llegamos a la Verdad Ecológica, y si trabajamos por el Medio Ambiente con una finalidad de un bien común determinado, será de lo más beneficioso para todas las comunidades de la Tierra.

### ¡Con una playa limpia todos ganamos!

Mientras que con un mar contaminado, el extermino de un bosque, la contaminación de los mantos acuíferos, la contaminación del aire, etc., porque el aumento del crimen y la violencia o de otros vicios, solo son el resultado de una mala organización de las sociedades humanas y de la mala educación en todos los niveles escolares o de la no-educación o des educación en las familias y por los medios de comunicación como periódicos, revistas, libros que son enajenantes culturalmente o con contenido de baja moralidad, radio, televisión, Internet, cine, teatro o la aplicación incorrecta del arte comercial o todo lo que hace que cualquier cultura de la Tierra, en lugar de avanzar hacia la Calidad Humana, hace que se empobrezca su cultura, por toda una propaganda comercial y enajenante.

Sé bien que es imposible saltar sobre la Naturaleza, con la sola ayuda de la lógica, sino que se necesita la Ética y los Valores para no caer en frases como:

- Es lógico que entre más grande sea una comunidad, habrán más vicios y el crimen aumente.
- Es lógico acabar con el ganado en beneficio del consumo humano.
- Es lógico que haya deshonestidad política y religiosa, pues "el que no transa no avanza".

Por lo tanto ante esa dialéctica, prefiero que sea la vida la que reemplace esa lógica.

Entonces un espíritu avisado, siempre encuentra la oportunidad de instruirse a costa de los demás y de lo que a todos les parece lógico, el espíritu de Calidad busca nuevos caminos, porque es peligroso caminar por donde todos caminan, porque no siempre las mayorías tienen la razón... y menos por votación.

Vea usted en retrospectiva y se dará cuenta que siempre son los hombres de primera categoría o de Calidad Humana, los que han movido al mundo, entre ellos Jesús, Gandhi, Confucio, Platón, Aristóteles, Sócrates, Luther King, Marie Curie o el que usted prefiera; pero se dará cuenta que han sido los que mueven al mundo o han construido el futuro en su espacio y su tiempo y que los hombres de segunda categoría sólo se hacen dueños del presente.

¿De qué categoría queremos ser?

Por eso creo que es obligación o deber de cada ser humano, como un compromiso de vida con la humanidad aportar una conciencia amplia y un corazón grande y profundo en sentimientos de lealtad hacia toda la Naturaleza, para aportar buenas piedras para construir un edificio de felicidad universal para tanto la especie humana como todas las demás especies, porque en materia de Ecología existen límites que no pueden franquearse impunemente.

Así que aún los vegetales, los animales, los niños, los jóvenes, los adultos y los ancianos, todos estamos interrelacionados y dependemos de todos para seguir existiendo en el Libro Eterno de la Naturaleza... y que ninguna especie necesita de la extinción de otra para seguir existiendo.

Por eso es necesario seguir educando en todos los niveles escolares en asunto de Ecología, porque si esperamos a que todos los seres humanos sean muy inteligentes para no destruir su Medio Ambiente, corremos el riesgo de esperar demasiado.

Y la locura humana en muchas comunidades por descuidar su Medio Ambiente, eso sí que es un error de lógica o un error de juicio y un punto de vista erróneo como usted lo quiera ver, porque todos los hombres y las especies vegetales y animales necesitan aire limpio, agua no contaminada, tierra sin residuos tóxicos y alimento natural en un equilibrio ecológico o inherentemente de interdependencia, porque lo cierto es que... hasta los locos también lo necesitan.

Así que en Ecología y Medio Ambiente, el tiempo no significa nada, lo que importa es que usted actúe de inmediato y no espere hasta que los demás lo hagan, conviértase en Sol y otros lo verán.

Por lo tanto en materia de Ecología y Medio Ambiente, es conveniente conservar el corazón joven mucho tiempo y aplicar nuestra creatividad, porque uno también es soberano, creamos y recreamos nuestras vidas, nuestras realidades por medio del amor a nosotros mismos y a las demás especies por una inteligencia y una voluntad conducidas por la Ética y los Valores y aunque el mundo nos parezca ruinas en nuestras comunidades, hay que levantarlo con el ideal de la belleza, la justicia, el bien común, el sentido de trascendencia y la Calidad de Vida.

Así que hay que aprender qué es la Ecología y cómo se preserva el Medio Ambiente, aplicarlo en la práctica y seguir dando lecciones para que conserven la Tierra, las siguientes generaciones, bajo un cielo azul, limpio y sereno y cobijando la armonía de todas las especies.

¡Resucitemos de entre los muertos y emprendamos una mejor vida con más Calidad Humana!

Considerando que los seres humanos que son de Calidad Humana no humillan a sus estudiantes, a sus familiares, o a sus amigos, ni a todas las demás especies, porque si lo hace se alejan, porque hasta los animales huyen de la especie que los daña.

Y el hombre que no tiene Calidad Humana, aunque diga que quiere a su perro; pero lo patea y lo tiene sin comer... hasta a su misma madre la hará llorar.

Por eso en materia de Ecología, hay que reflexionar para hablar con sensatez y no importa que sea pobre el hombre en lo material, sino que la nobleza es lo que verdaderamente enaltece al hombre de Calidad Humana y hasta su lenguaje corresponde éticamente con su pensamiento, porque no es el brillo del nombre o la riqueza de bienes económicos, sino que lo que lo hace deseable como persona es la riqueza espiritual reflejadas en sus acciones por el amor, la justicia, la verdad, la belleza y la bondad mostradas a todas las especies.

Porque cuando los seres humanos viven en una Naturaleza que está deteriorada, realmente viven sin vivir, y aún las semillas humanas, las de las plantas y las de los animales... están muertas y aunque lleguen a vivir, porque se van a corromper y todavía van a corromper a las buenas semillas de las demás especies o las van a degradar de condición porque son malas semillas tanto en lo genotípico como en lo fenotípico.

Una semilla "casi muerta" aunque esté en latencia de vida, será una vida sin objeto o con menor Calidad de Vida tanto para ella como para la especie donde viva.

Si bien es cierto que, el hombre por más bajo que caiga en sus acciones, su misma naturaleza le exige mostrar su dignidad de hombre, y lo hará por medio de la educación porque no hay hombre tan malo que no sirva para algo y un trato humanitario puede hacer levantar al hombre más envilecido, porque hay seres humanos tan feroces que superan al tigre en ferocidad y esa ferocidad se convierte en tiranía para todas las especies.

¡Es urgente resucitar y renacer a una nueva vida de más Calidad Humana y en equilibrio con la Naturaleza y el Medio Ambiente!

Y no es necesario sembrar semillas huecas o vanas, porque la vanidad y la tontedad humana brotan espontáneamente como la cizaña, aunque la realidad sea de una variedad infinita; pero el buen caballero es el que practica siempre una moral superior.

Si somos honrados no ocultemos lo que pensemos y de manera respetuosa lleguemos a acuerdos de Ciencia, de Ética y de Calidad Humana en materia de Ecología y Medio Ambiente y como agradecidos con la Naturaleza, hablemos de la luz maravillosa del Sol, la cual desaprovechamos diariamente, de lo bello que es vivir, de las increíbles variedades de las especies vegetales y animales... y no que como desagradecidos, miremos solo nuestros mezquinos intereses económicos.

¡Da tu palabra para que sea ley aunque no sea escrita!

Si buscamos la bondad en la Ecología no seremos estúpidos, la vamos a encontrar porque el que no es insensato actúa con bondad para con las especies y por el contrario el estúpido actúa mal con los seres vivos y él mismo se hace daño, y solo la fuerza para comprender la diferencia está en el saber, porque el hombre es el mismo en todas partes.

### ¿Quién cuida las estrellas?

Por eso solo los buenos libros, son los mejores amigos y el mejor libro es el de la Naturaleza, porque hasta el quetzal se muere si lo tienen en cautiverio.

Y sin libros sólo hay superstición e ignorancia y ambas hacen bárbaros a los hombres.

Opino pues que, es mejor el idealismo que el materialismo y que cada ser humano lleva en sí, un hombre ideal como potencialidad al momento de nacer; pero que se va desarrollando culturalmente por medio de la educación desde la familia, que se va perfeccionando socialmente y que no debe morirse sin que sirva para algo a todas las especies y que cuando la persona en ese proyecto de vida no logra asirse de la Calidad Humana, hasta la pobreza económica lo pone de mal humor porque ha perdido el equilibrio consigo mismo y con el Medio Ambiente.

¡Es una delicia cumplir con el deber humano!

Al escoger entre una flor natural y otra artificial, solo el hombre de Calidad Humana prefiere la natural.

Por eso es necesario que desde niño, los hombres aprendan a no abusar de la libertad y que aunque tengan que estudiar, se necesita un equilibrio con la Naturaleza para disfrutar la alegría y seguir aprendiendo a ser hombres de provecho para todas las especies.

El maestro es el encargado por parte de la sociedad, de hacer sentir cariño y cuidado en los estudiantes por la Ecología y el Medio Ambiente, porque los educandos mismos son naturaleza y el equilibrio solo se logra entre la materia y el espíritu.

Y creo que todo el conocimiento en Ecología y Medio Ambiente, al igual que un pajarito que recoge su alimento poco a poco con el pico, de la misma manera los estudiantes desde los Jardines de Niños hasta Educación Superior, recogen la enseñanza poco a poco con el coco; Pero definitivamente el maestro sí es un puente cognoscitivo fundamental para que esos educandos convivan armoniosamente con su Medio Ambiente y cultiven los Valores humanos y los apliquen en sus casos de vida, adoptando plantas o animales como mascotas y que se hagan responsables de ellas y las alimenten y las protejan, solo de esa manera los educadores podrán combatir las malas actitudes de los futuros ciudadanos adultos, desde la infancia hacia las demás especies hasta lograr una simpatía y una empatía por la Naturaleza.

Por lo tanto, a mí me parece que los maestros siembran en sus estudiantes las semillas buenas de la paciencia, de la firmeza, la dulzura de carácter en las buenas acciones, la constancia en el trabajo, la generosidad hacia todas las especies, el buen humor en la vida y aún ante los problemas más difíciles ser diligentes... y ser persistentes, consistentes e inteligentes en el camino hacia la Sabiduría.

¿Fácil no le parece?

Todavía creo que usted ha conocido a grandes maestros que le han arrancado las malas hierbas o los defectos en el difícil camino de la formación humana hasta llegar a ser personas de Calidad Humana.

También me atrevo a pensar que ha tenido buenos maestros que le han despertado un verdadero apetito por el estudio hasta el grado de que su entendimiento le hace sentir hambre de conocimientos y cuando se está resuelto a aprender Ecología o cualquier otra materia, ya se habrá andado la mitad del camino y cuando usted pone su corazón en el estudio o el trabajo, su inteligencia y espíritu trabajarán mejor.

Yo creo que si hay amor por parte del maestro en enseñar y si hay amor por parte de los estudiantes en aprender, todo el proceso de educación será fácil.

Y como no hay educación sin Ética, el maestro estará en potencia no solo de instruir, sino de formar a un hombre de Calidad Humana o Superior si usted así me lo concede; pero no para dominar o ejercer poder sobre los demás o hacia las demás especies.

¡Los estudiantes obran milagros en los corazones que los aman!

Por lo anterior, yo creo que si esos estudiantes están agradecidos, irán a sus lugares de empleo y tratarán por todos los medios posibles de seguir preservando el Medio Ambiente, en beneficio de ellos mismos, de sus familias, de sus comunidades... y de todas las especies que lo rodean.

Es imprescindible entonces, por parte del maestro hacer sentir a sus estudiantes que, su trabajo sólo es útil, si lo aplican con Ética y Valores en los ideales de progreso y trascendencia sobre la base de un desarrollo sustentable y con una aspiración siempre presente de alcanzar una mejor Calidad de Vida en todas las comunidades de la Tierra y esa bondad por la Naturaleza, será el tesoro más grande del mundo que pueda tener y compartir porque el cariño por las especies tiene más valor que dominarlos por la fuerza.

Así que no creo que sea indigno preparar a los estudiantes con amor, porque es el amor lo que mueve al Universo y fructifica en honestidad, valor agregado humano, laboriosidad, fe en Dios, en sí mismo como hombre y con lealtad y simpatía por todas las especies, porque el amor es una planta que arraiga en todos los suelos de la Tierra y bajo todos los cielos estrellados que iluminan la faz de todos los planetas.

Por eso creo que el maestro tiene la gran oportunidad de transformar una materia muy útil que son sus estudiantes en seres superiores, con alta Calidad Humana.

Porque opino que hasta Cristo, como el maestro más grande de todos los tiempos fue también un obrero que transformó el espíritu de los hombres hasta convertirlos en Espíritus Superiores o en seres de Energía Universal que actúan en todas las galaxias del Universo.

Entonces miro a la Educación como un patrimonio valioso de todos y para todos y que va aumentando su valor a medida que la humanidad avanza, para desarrollar éticamente todas las facultades humanas mediante la adquisición de conocimientos ; Pero que sean significantes y significativos no sólo para todos los agentes que intervienen en la educación, sino principalmente para los educandos, porque la educación en Ecología y Medio Ambiente o de cualquier otra asignatura penetra en la organización física e intelectual de los hombres y cuando egresan inciden ellos en las comunidades de toda la tierra para mejorar la calidad de Vida al ser mejores organizadores y al preparar estrategias más holistas o sustentables para la supervivencia de todas las especies.

De tal forma que sólo los espíritus de Calidad, prevén los cambios y mediante esa intuición disciernen mentalmente lo que no puede percibirse por medio de los sentidos.

Por eso creo que, es valioso el método cognoscitivo, porque es integral, porque aparte de la instrucción intelectual o de una preparación artística están recibiendo los estudiantes una Ética y unos Valores que lo capacitan moralmente para la vida y para lograr un equilibrio entre la obediencia a las leyes no escritas de la Naturaleza y su libertad individual para vivir en paz con todas las especies.

Así que creo que, educar es un arte porque aparte de preparar a los estudiantes para la vida, los libera intelectualmente y físicamente de los vicios que denigran la Calidad de Vida, y los maestros les hacen capaces de cambiar las circunstancias de ciertas realidades y que los estudiantes ahora serán maestros a su vez, y seguirán elevando o construyendo más conocimientos en varias categorías científicas; pero sin que haya un rompimiento con lo espiritual o con el Espíritu Universal, sin caer en sectarismos de odios inútiles, sobre la base de un fundamento moral que sólo lo proporcionan la Ética y los Valores.

Solo que no creo en una calidad mecanicista en las personas, donde los hombres y las mujeres sean producidos en serie (clonación) y acondicionados para realizar solo ciertos trabajos del eficientismo por el eficientismo mismo y solo para trabajar en ciertos climas, como obreros especializados o como individuos Alfa, Beta o Gamma... y si los hombres sin Calidad Humana los reproducen así, tendrán problemas y serios; porque la Naturaleza es la que no se equivoca.

Así que no creo en una Educación eficientista o de solo lo útil por la utilidad misma donde hay una exaltación por la Tecnología y por la Ciencia o por la robotización aplicada a todos los campos de las actividades humanas.

Desde luego que son necesarias para hacer más fáciles las tares humanas; pero considero que los sistemas deben ser creados para el hombre y no que el hombre sirva a los sistemas o a los robots.

Desde luego que es bueno que haya ocio; pero el hombre no sabe qué hacer con esa ociosidad y no creo que un hedonismo del placer por el placer mismo donde se coma y se beba hasta el aniquilamiento de la propia especie y de las demás especies, sea un mundo muy atrayente donde la Tierra y otros planetas estén habitados solo por robots.

Así que yo opino que, aún en el espacio o en cualquier otro planeta, el hombre seguirá ejerciendo una simbiosis de maestro – estudiantes para seguir heredando la Sabiduría humana a las futuras generaciones.

Pero para ello es necesario hacer girar los conceptos sobre la base de la Ética y los Valores para desarrollar seres de mayor Calidad Humana, porque lo que varía no es el concepto o la idea central, sino que lo que varía es el conocimiento analítico que explica el objeto del conocimiento y lo que hace mejorar al objeto mismo de estudio y aún del sujeto cognoscente es el conocimiento sintético y empírico para construir un conocimiento más perfecto o más validado mediante los acuerdos de verdad, porque el conocimiento que es capaz de realizar una síntesis de un objeto o de una asignatura, está comprendiendo el *"eureka"* o está pasando de "una praxis u opinión sin un verdadero conocimiento de causa" o de un "yo sólo sé que no sé nada" donde está expresando que sabe algo porque si no se estaría contradiciendo; Y está en una transición a un "episteme o conocimiento reflexivo y crítico con conocimiento de causa" donde el sujeto pasa a una etapa superior de conocimiento o de Calidad Humana donde el sujeto ahora exclama "poseo un conocimiento válido", donde está manifestando ya un juicio sintético y donde el tiempo o futuro cercano determinará la posibilidad de movimiento para el siguiente cambio de mejoramiento planeado en asuntos de Ecología y Medio Ambiente y de cualquier otro asunto bajo el Sol y los cielos de nuestra Tierra.

Por eso opino que, el maestro tan solo trata de enseñar y el estudiante solo trata de aprender el objeto, solo para un cierto tiempo y para una cierta realidad y para una cierta espacialidad, porque cambian constantemente y creo que nunca estamos ni en el mismo espacio, ni en el mismo tiempo y ni en las mismas circunstancias en todo el Universo porque aún éste se mueve constantemente en un equilibrio siempre dinámico.

Así que solo tenemos el sentimiento de conocer para un hoy, porque dentro del siguiente momento vendrán nuevos conocimientos y los adoptaremos como verdad y se desecharán otros que creímos verdaderos, porque solo es la aprehensión espiritual de tan solo un objeto del conocimiento... porque tan sólo para conocer una sola especie de mariposas a los científicos especializados les ha llevado hasta veinte años para clasificarlas, para conocer su hábitat, su manera de reproducirse, su forma de alimentarse, su ADN, sus depredadores, la manera en que contribuyen para la polinización, sus lugares para emigración, etc.

Y todo eso nos da una idea de las posibilidades que tenemos de estudiar nuestro mundo ecológico... y aún hay especies vegetales y animales sobre nuestra Tierra que apenas se están descubriendo por los científicos de cada especialidad o Ciencias naturales y por las Ciencias Sociales.

Por lo tanto estimado lector, el conocimiento depende de que algo nuevo por conocer sea puesto en relación con algo ya conocido aunque el objeto del conocimiento no esté dentro de la experiencia física posible, sino que puede ser una idea intelectual o la intuición de la existencia posible, pero la función del sujeto es captar y tratar de aprehender ese objeto del conocimiento.

Preguntaríamos hasta aquí:

¿Ya captamos o aprehendimos la teoría de la Naturaleza y de sus múltiples interrelaciones entre las especies... para prescindir de ella?

¡Y vaya que la Naturaleza es aprehensible!

Por lo tanto si digo que la conciencia significa las vivencias subjetivas de un sujeto, comprendo claramente que en todas las cosas visibles e invisibles de todo el Universo, apenas habría pequeñas sombras de los objetos en la conciencia del hombre... y eso en los de Calidad Humana.

Y por lo tanto me atrevería a decirles a mis lectores que creo en el proceso de Creación Cósmica... y si el hombre forma parte de esa creación, entonces el proceso de pensamiento en el hombre estaría dado por una Conciencia más absoluta que la humana o sea una Conciencia que necesariamente debe existir en un Ser Superior, de la misma manera que tengo que admitir la existencia de objetos que son reales, aunque no pueda tocarlos o verlos físicamente como pudieran ser los átomos, o aún las partículas de ellos que como todo en el Universo, están sujetos a leyes de gravedad y de atracción y cuadrados de distancias y que necesariamente tengo que atribuir esas leyes físicas a un Legislador porque todo se mueve en un equilibrio perfecto aunque creo que es dinámico bajo todos los cielos de Todas las galaxias.

Así que nos podemos dar cuenta que no podemos conocer la realidad física ni psíquica de una realidad, sino que tan solo conocemos la apariencia de las cosas o como nos conviene verla de acuerdo a nuestros referentes biológicos y culturales.

Y si no podemos conocer el Ser de las cosas en la Naturaleza, eso significa que las cosas son tan solo una representación de la realidad.

Y que para crear algo, el hombre y su entendimiento no pueden crear nada de la nada, sino que tiene que partir del Todo y es la Naturaleza; pero para seguir existiendo el hombre mismo como naturaleza, necesita cuidar el Medio Ambiente.

# Teoría del Conocimiento

Ya no es necesario preguntar cómo llega a conocer el hombre, sino qué hace el hombre con ese conocimiento...lo que a veces llega a ser un peligro para otros hombres y otros seres vivos.

Por lo tanto, la Teoría del Conocimiento, es una disciplina científica y el hombre siempre tiene en su futuro el deseo de saber... con el conocimiento como camino para llegar a la Sabiduría...que es más profunda y que va más allá de lo científico, a algo más holístico, más humano, más en equilibrio con la naturaleza y con todos sus seres vivos, respetando y promoviendo la biodiversidad en nuestro planeta.

Y el espíritu del hombre siempre está reflexionando sobre la Ética y los Valores, tanto teóricos como prácticos para seguir transformando a realidades, la bondad, la justicia, la belleza, y la libertad.

Por lo tanto toda ciencia humana, se basa en la filosofía para especular y para guiar las virtudes como maestra de la vida para los seres de Calidad Humana.

Y como seres cognoscentes siempre estamos preguntando la verdad de nuestros pensamientos humanos, y su concordancia con el objeto de estudio, cribados por la Ética y aterrizados con lógica para registrar los pensamientos de la manera más correcta posible.

También echamos mano de nuestras experiencias internas y de las externas para validar el conocimiento y preparar las estrategias de supervivencia para nosotros y todas las demás especies del Planeta Tierra.

Así para el conocimiento de la Ecología y el Medio Ambiente o de cualquier otro asunto, se hallan frente a frente por un lado la conciencia del sujeto con el objeto de estudio, pero que por otro lado tanto sujeto como objeto tienen un Ser y un Valor y una Existencia con referenciales biológicos, históricos, y culturales bien diferenciados.

Pero yo creo que, aún en la Naturaleza y en todo el Universo hay seres que seguirán existiendo de manera independiente del sujeto, porque tienen una trascendencia... Eterna.

Por eso opino que los escépticos no pueden ver a Dios, porque quieren ver el objeto y como no lo miran, ni lo sienten o lo tocan, por lo tanto no pueden creer en Él.

Por lo tanto ni nosotros mismos nos entendemos cuando hablamos, porque decimos quiero que seas más objetivo en tal asunto... y la realidad es que, para que una cosa sea objetiva, todo el conocimiento debe residir en el objeto; por lo tanto el objeto no se puede explicar así mismo, de tal manera que por más cosas que diga el sujeto sobre el objeto del conocimiento, estará siendo solo un conocimiento subjetivo porque el subjetivismo radica en el conocimiento que pueda exteriorizar el sujeto y si tiene muy poco conocimiento sobre el asunto de ecología y Medio Ambiente, el sujeto solo estará exteriorizando sus interpretaciones sobre cómo ve él la realidad de ese objeto o estará diciendo cosas muy subjetivas.

Por lo tanto la Naturaleza es muy objetiva; pero para explicarla el hombre interpreta sus fenómenos biológicos o físicos; pero estará interpretando una pequeñísima parte de una realidad de la Naturaleza porque un árbol o un hormiguero no se pueden explicar por sí mismos, sino que es el hombre el que dice que las hormigas o las abejas o los lobos "viven en una sociedad", cuando en realidad ellos solo están expresando un comportamiento biológico o instintivo; pero no generan registros culturales... como los hombres de Calidad Humana.

Por lo tanto creo que, el Ser de las cosas consiste en ser percibidas por el sujeto, aunque no lleguemos a conocerlas completamente porque nos falta tiempo, capacidad o por indolencia; pero sí conocemos la fenomenología de las cosas, o tan solo como nos parecen; porque las realidades cambian constantemente junto con el sujeto que las pretende conocer porque ambos tienen existencia, esencia y un valor que se da por acuerdo cultural, porque el conocimiento de un asunto como es la Ecología y el Medio Ambiente, se construye con vivencias y evidencias lógicas y aún con intuiciones ilógicas dependiendo de la fecundidad y la Calidad de la conciencia Humana.

Y los seres humanos con ese cúmulo de conocimiento, tratan de construir o inventar objetos sobre la base de las experiencias prácticas y cognitivas de los sujetos para sus estrategias de supervivencia que estén de acuerdo con sus ideas de progreso y que mejoren su Calidad de Vida.

De tal manera entonces que, la Ciencia es el esfuerzo que hacemos para comprender y explicar algo.

Y junto a las cosas halla el investigador de cualquier Ciencia los pensamientos de los demás.

Aunque los miembros de una generación vienen dotados de ciertos caracteres tipos que los diferencian genotípicamente y fenotípicamente de la generación anterior.

Pero no obstante, puedo decir que seguirán habiendo hombres de acción muy buenos para las cosas prácticas y hombres de contemplación de los fenómenos que tratarán de estudiarlos para comprenderlos y explicarlos a sus comunidades sobre la base de referentes culturales anteriores, para enseguida preparar estrategias organizacionales en todos los campos de las acciones humanas y enfrentar las incertidumbres futuras.

Y si estudio el fenómeno vital humano, me encuentro con que presenta dos rostros, uno biológico y espiritual el otro... y entre ambos construyen la Calidad Humana, la cual solo pervive mientras siga recibiendo el flujo e influjo vital de los sujetos de Calidad Humana.

Así es que, no solo la Ciencia, sino también son la cultura, la razón, el arte y sobre todo la Ética y los Valores los que sirven a la vida.

¿Está usted de acuerdo en que la Justicia es un Valor positivo en todas las culturas que se aprecian de tener una Calidad de Vida?

Bueno si me lo concede, entonces:

¿Estará también de acuerdo en que la injusticia es un valor negativo en todas las culturas que no tienen Calidad de Vida?

Porque si practican las injusticias, afectarán negativamente en sus bienes su manera de vivir.

Si usted me contesta afirmativamente, podemos inferir que todo en la vida tiene tanto sus Valores como sus anti valores; pero lo valioso si queremos tener una Calidad Humana, es lograr vestirnos con todos los Valores positivos, que son de Ser, de Convivir, de Trascender, de Progresar integralmente, de Belleza, de Justicia y de bondad para todas las especies de nuestra Tierra.

También creo que, los seres humanos jamás podrán conocer la verdad absoluta en una Ciencia, pues considero que aún la Ciencia sigue y seguirá siendo un concepto ideal, aunque no les guste eso a los científicos; pero yo pienso que lo que hoy llamamos Ciencia, sólo está corrigiendo la de ayer y la Ciencia de mañana corregirá la de hoy, porque todo se mueve dentro de un relativismo cultural.

Por eso al igual que en gustos de selección musical o de preferencia sobre un cierto arte: Si dos científicos observan un fenómeno, yo creo que no lo mirarán igual, porque ambos están cargados con diferentes referenciales biológicos y culturales, y quizá uno miraría la aplicación práctica del fenómeno en algún campo de las actividades humanas y el otro construiría más teorías.

Por lo que, opino que no tendría sentido que cada cual declarase falso el punto de vista del otro, pues quizá ambos tienen razón de acuerdo con su Ciencia; pero si suponemos que el fenómeno sea sobre Ecología y Medio Ambiente, lo valioso para ellos y el género humano es que por lo menos lleguen a un acuerdo de verdad para no seguir dañando el Medio Ambiente, y no solo les conviene a los dos científicos, sino a todos los que esté representando... y aún a todas las especies, si el acuerdo es sobre la no-extinción de alguna especie porque todas se benefician en el concierto de la vida.

Pudiéramos decir entonces que, de la infinitud de los elementos que integran la realidad de cualquier fenómeno, situación o problema, el individuo o el colectivo que acepta la verdad relativa cultural ha dejado pasar por su malla o criba cultural solo un cierto número de elementos... y yo creo que son los que le dan certeza o sentido de trascendencia; pero solo hasta una cierta temporalidad.

Entonces son los "hechos" reales o casi reales los que le están imponiendo a cada "Yo" una tercera opinión, con la cual se trabajará de manera práctica y teórica para seguir especulando hasta el siguiente instante del futuro.

De tal forma que pregunto:

¿Cuándo afectamos con residuos radiactivos un río, estamos afectando solo el mundo de los tigres, o el mundo de los insectos, el de las aves, el de los humanos que aprovechan el agua de ese río para sus cosechas o para su higiene personal o estamos afectando también a las plantas?

Dependiendo de cómo contestemos, con nuestro lenguaje manifestaremos pensamientos que tratarán de ocultar otros pensamientos y exteriorizaremos otros en medias verdades.

Así que yo como autor de este tema, debo de imaginar de manera casi concreta a mis lectores; pero el arte de los verdaderos escritores consiste en "Hacer a sus lectores".

Lo cual significa que con sus teorías mueven o inducen a sus lectores a adoptar y adaptar sus teorías y eso es lo que los verdaderos maestros deberían hacer con sus estudiantes de Ecología y Medio Ambiente, porque entonces vendría lo deseable académicamente, que los estudiantes harían propuestas que mejoren una realidad del Medio Ambiente.

O sea que todo acuerdo de buenas voluntades presupone la existencia de una sociedad más justa, y más equilibrada con la Ecología, aunque sea dentro de un Estado de Libertad, de donde resulta una pluralidad económica, política o religiosa convergente y divergente expresada dialécticamente en fuerzas que mutuamente se resisten o se confirman para seguir existiendo dinámicamente y en equilibrio en todas las comunidades del mundo.

Para que todo aspecto de la vida humana, se enriquezca o se consolide... y se perfeccione, es necesario que existan una variedad de situaciones o multicontextos culturales que dan vida a todas las sociedades y sus interrelaciones con el Medio Ambiente.

Cuando el hombre se sorprende ante un fenómeno, al tomar una teoría para tratar de entenderlo, estará en posibilidad de preparar una estrategia de supervivencia cuando se presente nuevamente tal fenómeno, por eso es que todo hacer o quehacer teórico y práctico, tiene una gran relevancia, porque significa construir o realizar un futuro que se antoja deseable, ya sea un Microcosmos en una comunidad de canguros o tlacuaches de una cierta comunidad, o en toda una región o un país cuando nos referimos a un Macrocosmos, o si nos referimos a toda la Tierra hablando como una Macro visión holista en asuntos de Ecología y Medio Ambiente.

Entonces tanto individualmente como colectivamente, debemos decir mi realidad o mi sentido de trascendencia lo llevo conmigo.

Y por otro lado la Ciencia es una interpretación cultural de los hechos o fenómenos que están ocurriendo en cualquier campo del saber humano; pero que en este tema, es El Cuidado del Medio Ambiente.

Esos fenómenos serían tan solo por mencionar algunos:

- Clonación.
- Extinción de especies.
- Pérdida de la biodiversidad.
- Sobrecalentamiento del Planeta.
- Lluvia ácida.
- Contaminación Industrial.
- Productos transgénicos.
- Etc.

Por eso digo que los hombres de Calidad, están siempre atentos a cómo se están comportando esas circunstancias para cambiar las realidades naturales o por lo menos preparar estrategias para que no aniquilen a ninguna especie sobre la Tierra.

Así que los fenómenos arriba nombrados o los que quiera el lector, no nos dirán por sí mismos cómo son o cómo prevenir o disminuir sus efectos nocivos sobre alguna especie, sino que creo que son los hombres de Calidad Humana, los que tratarán de descubrirlo e influenciar a las masas o al colectivo para adoptar y adaptar los medios, o métodos, que protejan la seguridad de la vida de las especies.

Yo pienso que los jóvenes hasta una cierta edad, no se preocupan del colectivo y mucho menos de las demás especies, pues solo actúan de manera "un poco egoísta" al solo querer ser el centro de la atención y pensar que todas las cosas que hay en el mundo fueron hechas para él (si no se les hace despertar una conciencia social por medio de la educación).

Por lo tanto tirará papeles o envolturas de productos alimenticios en las calles, o jugará en los jardines aunque esté prohibido pisar las plantas o los prados, pintará de grafiti las paredes aunque comprendan un poco que al hacerlo estén dañando la economía de otras familias, le gustará cazar animales aunque sepan que está en extinción, y como por lo general no miden el peligro al ir de vacaciones a cualquier lugar turístico se meterá a nadar en lugares de peligro o no respetarán las señales para cuidar las especies de animales y plantas que estén en la reserva natural, etc.

Pero aquí es donde radica la importancia de los maestros desde los Jardines de Niños y hasta Educación Superior, en cuanto a materia de Ecología y Medio Ambiente, y en no aceptar fatalmente que no podemos cambiar esa pobre cultura que tienen, sino que por todos los medios debemos de influir en sus mentes para inculcarles una cultura superior o una Calidad Humana, si el lector me lo concede y teniendo como base la Ética y los Valores para El Cuidado del Medio Ambiente en todas las comunidades de nuestro Planeta Tierra.

Así que como ciudadano no tengo por qué aceptar una disociación entre la fe y la razón, pues yo creo que ambas se complementan y son valiosas y se deben inculcar de alguna manera equilibrada para seguir sobreviviendo en un mundo ecológico y mediante una tesis de lo que digamos sobre el asunto de Ecología, obtener una antítesis sobre la base de la reflexión y contrastación de las teorías culturales y aún estar en posibilidad de construir una síntesis que nos sirva para nuevas plataformas teóricas y prácticas en El Cuidado del Medio Ambiente, aunque siempre estemos viviendo cognitivamente una espiral dialéctica; pero que seamos capaces de impregnarla de una visión holista de mejoramiento continuo en beneficio de todas las especies vivas.

¡Así que con o pese a todas las teorías, afirmemos la existencia y continuación de todas las especies!

Por eso creo que la sociedad, es tan solo una creación de los individuos que, en virtud de una buena voluntad y deliberada, se reúnen en una asociación que persigue objetivos comunes y que se genera sobre la base de una convivencia y conveniencia de relaciones e interrelaciones entre los individuos de cualquier comunidad del mundo.

Y sobre la base de ese contrato social sea escrito o no, habrán los usos y las costumbres que aterrizarán en acciones o leyes que se ejecuten en virtud de ciertas presiones sociales.

Y esos acuerdos sobre Ecología y Medio Ambiente, son los que esperamos que estén surgiendo en todas las comunidades y que seamos capaces culturalmente de respetarlos.

Y cada individuo deberá aportar sus aptitudes y actitudes para entre toda la comunidad lograr su Calidad de Vida, su certeza de Vida y su Sentido de Trascendencia... y aún cuidar su Medio Ambiente.

Considero que es el hombre técnico, el que es capaz sobre la base de los conocimientos Científicos, de modificar el entorno sobre la base de un sentido de conveniencia para todas las comunidades y también es el que hace realidad un sueño teórico de construir una presa, o de generar algún tipo de energía o de construir transportes rápidos y efectivos para la eficiencia del traslado de mercancías y pasajeros o de construir edificios altos y aerodinámicos o que en general fabricará utensilios y herramientas para aumentar la eficiencia en el vestido, la cocina o para la recreación misma de los seres humanos lo que aumentará la Calidad de Vida de las comunidades.

Solo que precisamente los hombres de Calidad Humana deberán cuidar de que tanto los individuos como el colectivo no se deshumanicen en perjuicio de todas las demás especies, por querer buscar solo satisfacer sus necesidades materiales y descuidar los aspectos espirituales y morales de las comunidades y del descuido del Medio Ambiente.

Por lo tanto, opino que ningún conocimiento humano es lo suficientemente profundo para asegurar una certeza absoluta de vida y tiene que considerar que los otros también son "unos yo" que merecen todo el respeto o un trato amable así como él espera que lo respeten y lo traten... y que aún tiene que respetar a las plantas y a los animales que en sí mismas parecen decir

"Protégeme, y si quieres hacerme morir que sea para tu alimento o para otras necesidades tuyas o de tu familia; Pero a mí como a ti no me gusta sufrir y solo te pido que protejas a mis hijos que más tarde también te auxiliarán porque yo también merezco seguir existiendo como especie sobre la maravillosa Tierra".

Así que todo científico que se precie de tener Calidad Humana, deberá ser lo suficientemente humilde y decir "me equivoqué".

Porque creo que ninguna ciencia, tiene ni tendrá nunca la verdad absoluta porque existimos dentro de un relativismo cultural donde todos necesitamos de todos... y aún necesitamos de todas las especies.

Por lo tanto las palabras de mi tema, no serán verdaderas palabras, si no son significativas en los ojos y en los oídos de los lectores; pero estoy seguro que entre autores y lectores deberá mantenerse la conciencia del problema de no permitir la extinción de las especies, tomando en cuenta que nada acontece sin una razón.

Pero que para que algo importante cambie en el mundo, es preciso que cambie el tipo de hombre... y que es tarea de los maestros, llevarlo de algo amorfo cognitivamente a un estado superior de Conciencia Universal o por lo menos que sean seres con más Calidad Humana.

Ya lo verdadero o lo falso, lo decidirá la acción de las aptitudes y las actitudes de los sujetos cognoscentes cuando incidan con sus conocimientos en sus respectivos campos laborales.

¿Duda usted?

Pues eso es muy bueno, porque de la duda se generan las grandes teorías humanas... solo que hay que tener la buena Voluntad para construirlas.

Con la certeza de que el conocimiento no duele, sino que lo que sí duele es la ignorancia y más nos dolerá por ignorar cómo vivir en armonía con todas las especies.

Así que opino que, tanto los científicos como los idealistas viven de ilusiones porque todo es relativo, según el referente cultural con que se mire un fenómeno; pero que es necesario observar y recorrer con nuestros ojos físicos lo que está allí; pero con nuestra mirada intelectual ver o intuir lo que aparentemente no está allí o sea indagar el Ser de las cosas en todo el Universo.

Porque cuando decimos que no hay problema, entonces tenemos un verdadero problema: el de que no somos capaces de ver los problemas o de que ni siquiera somos conscientes del problema... ¡Y eso es ser ignorantes!

Por lo tanto no podemos ignorar los problemas que tendrían para los seres humanos, el uso o consumo de los alimentos transgénicos o la manipulación genética o la clonación de las especies, porque pudieran **desencadenar nuevos tipos de virus mortales para todas las especies, incluyendo la especie humana**...¡ Y entonces sí que tendríamos un problema!

Los animales como los burros por ejemplo (con perdón de estos útiles animales) por lo menos ignoran su ignorancia y por lo tanto no les preocupa el presentar una tesis doctoral en ignorancia asnal; pero si somos personas de Calidad Humana, le permitiremos seguir reproduciéndose como especie; pero yo creo que es el amor de los seres humanos lo que hace que se busquen los problemas o que se identifiquen y se vean como magníficas oportunidades para aprender y para seguir mejorando como especie... y mediante el entendimiento encuentra soluciones para seguir enfrentando el futuro.

¡Así que aprendamos primero y luego enseñemos a los demás!

Y tenemos que vestirnos con la luz del conocimiento e idealmente de sabiduría para que la gente que vive en oscuridad pueda ver también y construir un puente cognoscitivo que nos salve a nosotros mismos como especie humana, pero también a todas las especies del Planeta.

Pero no estoy de acuerdo en hablar de segregar las edades para explotar la capacidad de fuerzas físicas, cuando en realidad estamos desperdiciando... la certeza de pensamiento para enfrentar la incertidumbre futura.

### ¿Aunque me bañe por fuera, cómo limpiar mi interior?

Bueno yo opino que con el agua espiritual de las religiones; pero de la que no se proporciona como agua bendita en las iglesias, sino la de las Sagradas Escrituras, para beber de la misma fuente como los maestros de Calidad.

Aunque los estudiantes ya no estén en sus salones de estudio o aulas de clase... el corazón grande del maestro los alcanzará aunque estén lejos... y más si están llevando a cabo proyectos de mejora aunque sea en beneficio de una sola especie ya sea de plantas o animales de la Tierra.

Por eso aunque los rostros de los maestros reflejen cansancio; sus pensamientos se mantienen animosos porque en los hombres de Calidad Humana, lo que vale son las obras y no lo que digan ante sus estudiantes.

¡Queremos El Cuidado del Medio Ambiente y por eso creemos que lo lograremos!

Solo que a veces estamos nosotros mismos como atados o como amarramos del cuello a un animal...solo que nuestro collar o cadena están atados a la ignorancia.

Creo que para tender un puente cognoscitivo que nos libere, tenemos que seguir echando mano de la filosofía y entenderla no solo como un conocimiento conceptual, sino como el desarrollo de una visión del mundo, donde la vida influye y determina al ser humano; pero con un relativismo cultural, pero imbuidos con la buena voluntad de que hemos venido al mundo a realizarnos... a ser grandes y ver nuestra vida como un verdadero proyecto de vida donde vivamos con Calidad, pero con el cual también contribuyamos a mejorar la humanidad.

Sólo que no somos iguales, ni podemos pensar de igual manera; pero que cognitivamente podemos llegar a acuerdos de convivencia social dentro de nuestras comunidades y estar en paz con otras especies y preservarlas porque de lo contrario estaríamos mostrado que tenemos talento; pero que somos estúpidos en sentimientos humanos y que no somos capaces de relacionarnos para entre todos verdaderamente tener una Calidad de Vida tanto en lo material como en lo espiritual o anímico.

Además pregunto:

¿De qué nos jactamos? ¿Del conocimiento?

Yo opino que aún como embrión, el conocimiento nos viene siempre de fuera por ejemplo como herencia en los genes de nuestros padres... o por lo menos en potencia.

Pero luego seguirá la educación de los padres, de los maestros, de otros medios sociales como son los de comunicación... y aún creo que aprendemos de todas las especies cuando observamos la manera sabia en que exteriorizan sus instintos.

Pero creo que es la Voluntad de cada cual la que nos hace querer aprender y comprender el ser de las cosas.

Pienso que también el pensamiento de Dios está inmerso en nosotros y se transmite en la especie humana... pero note usted todo conocimiento nos viene de otros y que para decir "pienso luego existo", creo que deberíamos cambiarlo y decir "Pienso porque otros me pensaron a mí primero... me soñaron como un proyecto Divino".

O todavía decir: "Existo porque otros de mi especie, existieron antes que yo".

¿Cree usted que un águila se pregunte si existe o si cree que existe?

Bueno en mi humilde opinión creo que no... Solamente tiene instintos sabios para nacer, vivir, reproducirse y para morir.

Pues solo la especie humana, además de manifestar los anteriores instintos, tiene Sentido de Trascendencia, transforma su entorno con las herramientas culturales, busca tener una Calidad de Vida, elabora registros culturales escritos para la educación de las siguientes generaciones, tiene el sentido del arte... y tiene conciencia religiosa, porque es el corazón quien siente a Dios y no la razón... sólo el hombre es capaz de construir utensilios porque reflexiona sobre otras reflexiones en una espiral siempre de mejoramiento.

Por eso es importante también para los seres humanos hacer registros históricos en su paso como humanidad y tanto individualmente como colectivamente somos capaces de revivir la historia mediante el arte o la cultura para recrearnos y seguir construyendo más historia o registros anecdóticos que sirvan a las siguientes generaciones como base de la preparación de nuevas estrategias para construir nuevas realidades y que yo creo que también esos registros deben basarse en la Ética y los Valores para beneficio de todas las especies.

Aunque vayamos por las calles o por los caminos o por las supercarreteras de las comunidades y por ellas se entrecrucen el odio, la fealdad, la injusticia, la deshonestidad, la envidia, el desdén, las guerras y cualquier otro anti valor que usted encuentre; pero donde también es cierto que podemos encontrar la Justicia, la Honestidad, la Belleza, y la Bondad... ¡El que busca encuentra!

Opino que el Valor que mueve al mundo es el AMOR, porque ese es el sentimiento que precede al conocimiento que recibimos desde el vientre de nuestra madre, y luego por los maestros, porque el maestro que no ama a sus estudiantes cómo puede decir que siente amor por su trabajo y luego el amor que recibimos de nuestros familiares y amigos... y aún los animales domésticos nos muestran afecto y ternura.

Y si pensamos un poquito aún las plantas crecen sanas y florecientes bajo las personas que les muestran afecto y que las riegan, que las abonan o que las acarician en sus pétalos y flores.

Por lo tanto en Ecología y Medio Ambiente, creo que debemos decir: **AMO ERGO SUM**, porque finalmente será la vida y todas sus interrelaciones la que nos seguirá instruyendo y educando y donde solo aprenderemos a vivir... viviendo plenamente; pero sin dañar a las demás especies.

Por eso en Ecología, todas las especies parecen decir: "Yo soy yo", seré pequeño, feo, grande, fuerte, ágil, inteligente, astuto, bobo... Eso tú lo calificas sobre la base de tus referencias culturales; pero respeta mi vida, quiero seguir existiendo como especie sobre esta hermosa Tierra.

Por eso yo creo que la obra intelectual es colectiva, de más trascendencia porque aunque pasen cien mil millones de años, la especie canina seguirá siendo canina, no importando que haya más variedades de razas en los perros dependiendo de sus cruzas de una raza con otra; pero jamás llegará a existir una nueva especie.

Pero lo peligroso por parte de los hombres es que desapareciera una variedad como la raza pastor alemán que tanto gusta a los niños y a los hombres, por medio de "inventar" una especie de perro – gato por clonación o por manipulación genética como usted prefiera; pero que tan solo intelectualmente "vemos" la dificultad de acariciarlo, de alimentarlo, de curarlo de sus enfermedades físicas y psíquicas, o de cruzarlo con otras variedades de perros o gatos; pero yo opino que lo más perjudicial y lo que pondría en peligro no solo a las especies normales de gatos o perros o a su biodiversidad y el peligro que representan para otras especies animales y vegetales incluyendo también a la especie humana debido al desencadenamiento de virus letales que no estaríamos en condición de contrarrestar porque ni siquiera podemos vencer las enfermedades de los que actualmente son letales como los del SIDA, el cáncer y sus muchas variedades, la hepatitis y sus derivaciones, etc.

Por lo tanto, si los animales como el perro tuvieran dinero y supieran que ventajas obtener con él... no serían amigos del hombre.

En Ecología y Medio Ambiente, yo creo que no se trata de que todos trotemos alegremente, sino que consiste en llegar lejos como humanidad sobre la base de la Ética y los Valores; pero convenciendo a los estudiantes, porque el cariño humano no se compra, porque tiene un alto valor ... y para adquirirlo tenemos que pagar con amor.

Sí, las cosas que realmente tienen valor... no las podemos comprar.

Por eso creo que cuando el maestro sabe disponer el corazón de sus estudiantes para aprender, su atención se transformará en aprendizaje y luego en conocimiento... y luego en la miel de la Sabiduría para compartir el mundo con todas las especies.

Así que no se puede querer a la fuerza, ni emocionalmente ni educativamente hablando.

Por eso se dice que el que tiene paciencia, obtendrá la ciencia.

Creo que no hay inteligencia sin provecho, porque toda semilla viene de Dios y por lo tanto debe ser altamente productiva en potencia de ciento por uno.

Me parece que, cuando pensamos todo se mueve, todo cambia, todo tiene relación y todo tiene sentido, porque la educación es el premio mayor donde todos ganan.

Así que creo que las personas instruidas y educadas son las personas de Calidad Humana, que hacen avanzar la vida en todos los campos del saber humano.

Yo opino que los libros a medida que los seres humanos se hacen personas de Calidad, se convierten en artículo de primera necesidad y que son las páginas de los libros, las que nos llevan a otra vida, al mar, a la selva, al espacio, a los cielos bajo toda la Tierra... y nos comunican en múltiples interrelaciones con otros seres humanos vivos y aun con los que están durmiendo en la muerte.

Por eso es muy importante que aun a los estudiantes perezosos o lentos, el maestro les muestre bondad y cariño, porque hay una potencialidad de genios en todas las mentes humanas... solo que el arte de la educación consiste en despertarlas.

Reconozco por otra parte, la gran capacidad de la memoria en los seres humanos, donde pueden caber millones de libros... sólo que hay que ser capaces de que esos conocimientos no se queden dormidos.

Como maestro hay que despertar la curiosidad por saber en los estudiantes y tratar de ser buenos modelos, porque aunque no lo queramos, los estudiantes verán en sus educadores malos o buenos modelos y que dependerá de un suficiente número de ideas para que sean capaces de obtener juicios propios y eso tanto como usuarios del conocimiento como constructores de nuevos conocimientos y que con tales saberes sabrán trabajar, vivir y convivir con todas las especies porque el que cumple con el deber, siempre vivirá bien y aun sabrá enfrentar los problemas con entusiasmo y fe.

En Ecología y Medio Ambiente, cuando no se entienden las palabras llevan al conflicto; pero un entendimiento de los hechos llevan a la moderación y a una Calidad Humana porque aun el Medio Ambiente influye en nuestras aptitudes y actitudes en las interrelaciones con todas las especies y tan solo el hombre es el ser presumido que cree en la importancia de su sola especie.

Así que creo que, la gente de Calidad Humana o las personas con Ética son respetables en conocimientos y Valores, sólo cuando lo demuestran con el ejemplo porque si solo aparentan una vida alegre... esa vida sería muy triste tanto para ellos como para los que los rodean porque entonces también están aparentando tener conocimientos y sin Ética y Valores, porque creo que hasta el Diablo se vale de las Sagradas Escrituras, para lograr sus fines.

Por eso yo creo que la razón nos une; pero las verdades de los hechos son lo que nos separa, porque el fondo que una persona dice que está en un recipiente, será apenas la superficie de otra cosa para los Químicos por ejemplo, y un átomo será la superficie para una partícula, la cual a su vez será superficie para un rayo Alfa, Beta o Gamma para los Físicos, ya sean maestros o estudiantes porque recuerde que los niños de hoy serán los padres de mañana; pero ante todo como maestro recuerde que ese niño o ese estudiante... es el amor hecho carne que vive y que podrá hacer vivir a las especies el día de mañana.

Por eso creo que es muy valiosa la Educación, porque hasta la gente pecadora puede darles vida a los Santos y por eso antes de plantar un retoño... humano o vegetal no hay que mirar al suelo, sino al Cielo.

Pero también hay que tomar en cuenta que en el contentamiento de vivir, lo primero de todo, para todas las especies es que se vea fresco, verde, apetecible, lleno de vida, de fragancia, de fruto y que las comunidades de seres humanos no crean solo por costumbre, por tradición, sino con verdadera conciencia de Ética y Valores... y que no miren el nacimiento de ninguna especie como un delito.

¡El maestro en ecología y Medio Ambiente, debe enseñar a sus estudiantes, a sentir, antes que todo, el Sentido de la vida!

En Ética y Valores, en lugar de ser prisioneros o esclavos de los vicios, hay que estar atados voluntariamente al honor de ser llamados seres de Calidad Humana, para el bien de todas las especies.

Para tener proyectos de vida en la Calidad de las especies, no hay que caminar hacia atrás, para seguir conservando la dirección de su trascendencia y de Calidad de Vida.

Aunque las personas de Calidad Humana, sean positivas y acepten todo de la mejor manera posible, hay que callar cosas que no se deben decir dentro de una buena convivencia social; pero tampoco hay que callar las cosas que sí se deben decir, cuando se esté atentando contra la existencia de las especies del Planeta y aun recordando que todas las pasiones son enemigas del equilibrio biológico, psíquico o espiritual... cuando se llevan las cosas a los extremos.

Pero que si sabemos leer en el Libro de la Vida, cada uno sabrá construir a su manera el sueño de su vida; pero respetando el hábitat y aun mejorando la Calidad de Vida de todas las especies.

Por eso creo que, aunque es valioso el conocimiento, es más valiosa la imaginación creadora, porque todo lo que somos capaces de imaginar existe... si realmente sabemos, podemos y queremos.

También se necesita la dirección sabia del maestro, porque si el conocimiento se inculca a la fuerza sólo ahogará y entorpecerá el aprendizaje de los estudiantes.

Desde mi óptica, opino que es la Filosofía, la Ciencia que asegura la unidad de los conocimientos porque los analiza, los sintetiza y los lleva a la práctica y las combina con otras teorías para implementar nuevos proyectos de mejoramiento en todos los campos del saber humano; pero no de manera aislada o solo pragmática, sino de manera integradora y holista en una cosmovisión sistémica.

Por lo tanto cuando decimos conocimiento, debemos preguntar:

¿De qué cosa? Para hacer conciencia antes de analizar, luego hacer comparaciones de cantidad y de cualidad, enseguida hacer reflexiones críticas, para enseguida sintetizar en espacio y temporalidad y finalmente agrandar todavía más nuestra conciencia cultural y social como personas de Calidad Humana cuando llevamos ese conocimiento que, en este caso es sobre Ecología y Medio Ambiente, a nuestro campo de acción o de influencia para construir nuevos conocimientos e implementamos proyectos de mejora que hagan crecer la Calidad de Vida de todas las especies.

Solo de esa manera podemos decir que el progreso del conocimiento es infinito porque solo por los conceptos y los juicios sobre un asunto hay una relación posible entre la realidad actual y una que está por llegar; pero que es deseable para aumentar la Calidad de Vida.

Por eso explico que cuando hacemos un juicio sintético estamos en posibilidad de construir o aumentar más el conocimiento cultural humano, por lo que creo que todo conocimiento es antes que todo mera esencia discursiva o teórica; pero susceptible de llevarlo a la práctica en una cierta realidad.

Así que nuestra conciencia cognoscitiva, se hace más grande o de más Calidad porque la educación es una crítica racional y de allí se transforma en Calidad Humana, como un resultado de la actividad social y cultural de la conciencia.

La aplicación de esa Conciencia de Calidad Humana, nos dará el impulso genético y fenotípico para actuar con una buena Voluntad, que si está orientada por la Ética y los Valores, a la vez actuará con libertad, y respetará la libertad de otras especies a gozar también de una Calidad de Vida, porque si los mares están limpios de contaminación habrá un ciclo perfecto de Zooplancton y fitoplancton para la vida de todos los peces y si hay abundancia y variedad de especies vegetales y animales, habrá calidad de vida para tiburones, delfines, ballenas, mantas … y para los seres humanos.

Así que debemos pensar en proyectos ecológicos que aseguren la Calidad de Vida para todas las especies de la Tierra.

# La pedagogía como poder de transmitir la cultura a otras generaciones biológicas y culturales

Una vez que la sociedad tiene toda una gama de conocimientos, echa mano de la educación para transmitirla a las siguientes generaciones y eso lo distingue de otros seres vivos que no son capaces de generar ni transmitir cultura.

Por lo anterior, tenemos que conceder que la Pedagogía, es la Ciencia que tiene como objeto la formación de Calidad humana; pero de manera integral u holista para que esa educación que reciben los sujetos de la educación, sea capaz de trasformar alguna realidad que ha dejado de ser deseable o construir realidades más ecológicas en todas las comunidades del mundo.

Por lo tanto cuando decimos que hay que educar tenemos que preguntarnos:

- **¿A quién hay que educar?** (A todos los educandos de todos los niveles).

- **¿Qué vamos a enseñar?** (Ecología y Medio Ambiente).

- **¿Por qué?** (Porque esté en juego la supervivencia del Planeta).

- **¿Para qué?** (Para que cada uno eleve su Calidad de Vida, sobre la base de la Ética y los Valores).

- **¿Dónde hay que enseñar?** (En la familia, en la Escuela, en el trabajo y en toda la sociedad).

- **¿Cuándo?** (Diariamente, Desde los Jardines de Niños hasta Educación Superior).

- **¿Cuánto enseñar?** (Sobre la base de una dosificación de contenido de Ecología y Medio Ambiente y de acuerdo a cada nivel educativo).

- **¿Quién educará?** (Los padres de familia, los maestros, los patrones y los medios de comunicación).

- **¿Cómo enseñar?** (De acuerdo a las corrientes pedagógicas que tomen en cuenta el aprendizaje significativo, el aprender a aprender, aprender para la vida...y por la conservación de todas las especies del Planeta).

- **¿Cómo evaluar?** (Con proyectos ecológicos que preserven el Medio Ambiente)

Todo ello con la conciencia como maestros de que educar significa producir un recto crecimiento tanto en lo físico como en lo cognitivo y que ante todo hay que educar la buena Voluntad de los estudiantes para una convivencia pacífica y con un desarrollo sustentable para todas las especies.

Sobre la base de lo anterior podemos inferir que, la Educación es el desarrollo armonioso de todas las fuerzas anímicas; pero recordando que los estudiantes solo quieren a la Naturaleza cuando entienden sus interrelaciones y solo entenderán cuando se les enseña por parte de los maestros a querer a la Naturaleza.

Por eso los maestros que pretendemos enseñar Ecología y Medio Ambiente, tenemos que querer un contenido creador, que sea verdaderamente significativo para los estudiantes para que vean al conocimiento como un tesoro apetecible de poseer y distinguir que aunque haya una diferenciación en los innumerables maestros en sus grados y niveles escolares por los que pasa su proceso de Educación y Aprendizaje, deberán ser capaces de integrar los conocimientos para no verlos como aislados de la realidad.

¡El educando que se sabe comprendido y querido es fácil de enseñar!

Por eso creo que el peligro más grande que hay dentro de cualquier familia o salón de clases, es el de que los estudiantes alejen su espíritu o su corazón del que pretende ser educador porque antes que educación intelectual, deberá existir la educación moral y estética que les ayudarán a Conocer, a Ser, a Tener, a Vivir, a Hacer proyectos de vida en todos los campos donde se desenvuelva... y a Convivir con todas las especies de la Tierra.

¡La educación es un desarrollo que viene de dentro y que despierta el verdadero querer por aprender para tener una mejor Calidad de Vida!

Por eso es natural que cada estudiante crea que la carrera profesional que estudia es la mejor.

Me parece que el sentir celos no sólo afectivos, sino aun en el celo profesional es un sentimiento ofensivo y humillante y desde luego que marchita emocionalmente y hasta físicamente a las personas y creo que hasta se contagia al entorno familiar, laboral y social, de tal forma que por no vestirnos con la Ética y los Valores, se termina con las amistades, con el noviazgo, con los matrimonios y con los trabajos.

**¿Sabe cómo se quita la amargura sentida en el corazón?**

Pues en lo personal yo creo que cuando llega la Primavera y vea como estoy hablando nuevamente de Ecología y Medio Ambiente, y creo que esta estación del año alegra no solo a los seres humanos, usted puede darse cuenta como se alegran también los animales y las plantas porque verdaderamente hay una energía interior en ellos y que exteriorizan por medio de carreras, saltos, juegos, entran en celo, las aves cantan y los insectos vuelan de flor en flor, beneficiando a la polinización de las planta y en éstas se efectúa la fotosíntesis tan vital para todas las especies incluyendo la humana.

Por lo tanto debemos cuidar el Medio Ambiente, porque existe belleza natural y porque de la Naturaleza, viven y conviven todas las especies dentro de un concierto de vida y donde la felicidad no consiste en encontrarla, sino en buscarla, porque las aves canoras no viven de solo e l canto, sino que trabajan y buscan instintivamente su supervivencia como especie.

¿Le gustaría a usted seguir escuchando el canto de los gorriones?

Por eso creo que solo la Educación, desarrolla el espíritu humano, pues la Calidad Humana no solo es intelectual, sino también considero que es espiritual.

La Educación prepara para hacer un trabajo de Calidad; pero si solo se busca la recompensa monetaria por laborar, la actividad física e intelectual que se realice, nos parecerá penosa o fatigante; pero que si amamos el trabajo, la recompensa en Calidad de Vida, de manera integral, incluyendo lo económico, la salud, el reconocimiento social, la autorrealización, la espiritualidad, la paz mental, el bienestar y la convivencia pacífica con todas las especies.

Por eso aunque la perfección humana sea una utopía, por lo menos en el ámbito humano, la persona egresada será dueña de sí misma e imprimirá a cada una de sus acciones el sentido del bien común.

Por eso cuando somos niños y convivimos más con la Naturaleza, todo respira alegría de vida, los árboles y sus frutos, las plantas con sus flores, el canto de los pájaros, la vida de los insectos y la convivencia con los juegos de otros niños.

¡No olvidemos los sueños que tuvimos de niños!

Por lo tanto la Educación está asociada directamente con la vida, mientras que la ignorancia está asociada con la negación, con el no – ser, con la muerte, con la degradación del entorno y todo eso da surgimiento a los vicios debido a la miseria material y espiritual y entonces los seres humanos que caen en ellos se sumen todavía más en el fango porque al fin el alcohol, los estupefacientes (antígenos) causan solo una alegría fingida, temporal o artificial y los malos pensamientos que surjan hasta de ese falso gozo generarán otras malas acciones y conductas no éticas que causarán robos, asesinatos, violencia familiar, abuso sexual de los niños, violaciones, adulterios, prostitución, explotación laboral, lesbianismo, narcotráfico, homosexualidad, y tantas otras lacras sociales y todo debido a que no se enseña la Ética y los Valores y sobre todo que no se enseña con el ejemplo de las autoridades como son los padres de familia, las autoridades civiles y militares y por la sociedad en general en los medios de comunicación o por los héroes del deporte o de los espectáculos.

Por eso yo creo que aunque se repartan las tierras de las comunidades, o repartieran el oro, la plata o los dólares o los euros en fin todos los bienes materiales en partes iguales entre todos los habitantes de la Tierra, sin duda que sólo unos cuantos días se sentirían ricos; pero por no tener una Calidad Humana, nuevamente tanto las tierras como los bienes pasarían a las personas que son más emprendedoras, más trabajadoras, más ahorrativas… o a las que detentan el poder de alguna manera poco ética.

¿Qué haríamos con nuestros talentos?

Así que aunque las instituciones creadas por el hombre no sean perfectas, creo que solo el amor entre todos los seres humanos, seguirá constituyendo la base fundamental de la vida sobre la Tierra y aun extender ese amor hacia todas las demás especies que parecen gritarnos: quiero vivir, quiero seguir existiendo como especie, quiero sentir parte de la dicha de vivir... pero solo si queremos escucharlas.

También debo decir aquí que el arte es la manifestación más grande de la potencia humana y que los hombres viven de sus creaciones artísticas y de lo que inventan y de lo que imaginan y lo hacen realidad para aumentar la Calidad de Vida de la especie humana en productos y servicios que hacen las labores más fácil, rápido y con economía.

Son hombres útiles y la sociedad paga su trabajo y sus creaciones gustan o se aceptan porque son de buen gusto, tienen sentido de belleza y hasta cuando el artista está triste, captura del Medio Ambiente ese arte porque desea alcanzar la perfección más grande posible tanto interior como exterior a sus realidades.

Y todos los seres humanos nacen con esa posibilidad de ser pintores, escultores, cantantes, literatos, músicos, declamadores, o actores; pero requieren el auxilio de la Educación para descubrir y pulir sus cualidades ya sea para lograr externarlas o transmitirlas al público o para que las disfruten las comunidades.

Me gusta comparar a los grandes artistas con los manantiales puros de la Naturaleza, que dan a beber a los sedientos sin mirar si son buenos o malos y que no esperan recompensa ni el agradecimiento; si no que cumplen con una misión Divina... en el concierto de la vida sobre la Tierra.

Por lo tanto las personas de Calidad Humana, tienen una gran fuerza física y moral... y su felicidad consiste en vivir no solo para sí, sino para los demás y por eso aman también a todas las especies y actúan con inteligencia, con

Ética y Valores, porque intuyen el orden que existe en el Universo y en todo su Equilibrio Dinámico.

Por eso en lugar de hacer lo que todos hacen(Tirar basura, contaminar, caer en vicios, etc.), mejor se esfuerzan por realizar acciones bondadosas... y que a veces pocos seres humanos imitan.

¿Conoce usted personas así?

Conste que les pregunto a mis lectores no porque me sienta una persona modelo con todo este subtema de Ética y Valores, pero créame que a pesar de mis defectos y debilidades humanas ante todo creo que soy perfectible y por eso trato de esforzarme en ser una mejor persona y por tener más Calidad Humana.

Yo creo que la maldad humana puede llegar a desaparecer de la Tierra, si se extendieran más los bosques y con la fauna, flora y pesca que surgieran habría abundancia y Calidad de Vida para todas las especies como una expresión de haber implementado la Ética y los Valores en todas las comunidades desde los Jardines de Niños hasta Educación Superior.

Pero si no somos congruentes entre lo que decimos y lo que hacemos, seremos desagradables desde el punto de vista de los estudiantes, porque solo queremos imponer nuestro punto de vista sobre un asunto con meras imposiciones y sin un diálogo constructivo para cambiar las realidades del Medio Ambiente.

Por el contrario, cuando la verdad se dice con asertividad, con ejemplo, con probidad, y con una orientación de Calidad Humana, echando mano de la educación y del arte, se conquistan los corazones más rebeldes, porque solo la Educación acompañada de la Ética y los Valores, llega más allá de los espacios y los tiempos.

¿Si somos infieles a Dios, cómo podemos ser fieles a los hombres o a la Naturaleza?

Por eso creo que solo el amor manda y obliga, porque aunque se muestre audacia en los discursos hay que confirmarla con los buenos ejemplos, y por eso la confianza sólo se gana si somos de buen juicio y prudentes en Ecología y Medio Ambiente y también si realmente sabemos disfrutar de cada estación de nuestra vida desde niños a adultos, las cuales tienen sus propios frutos valiosos y agradables a nuestros sentidos y nos forman como personas de Calidad Humana.

Sólo luchando contra los vicios por medio de practicar las virtudes, la razón se purifica y llegaremos a controlar nuestros sentidos e instintos para poner un freno a la extinción de las especies, aun teniendo pequeñas derrotas porque los verdaderos héroes son más grandes en sus derrotas para luego asegurar los triunfos porque la práctica de la Ética y los Valores, es el camino que lleva a la felicidad humana y hay que caminar siempre con honor aunque sea corto o largo ese camino de la vida, porque el Cielo no nos ha dado un corazón avaro para no saber vivir en armonía con las especies de nuestro Planeta Tierra.

Los seres humanos tienen en potencia una gran fuerza espiritual para cambiar sus circunstancias y solo las personas con poca Calidad Humana, echan mano de la fuerza física o de las amenazas para satisfacer sus mezquinos intereses aun sabiendo que lesionan a sus familiares y a otras especies.

Por eso la vida que hay en cada uno de nosotros, quiere vivir... y hasta queremos vivir eternamente.

Porque la existencia eterna de todo lo que se mueve en el Universo como son los Planetas, las estrellas y las galaxias nos hablan calladamente... que la eternidad existe.

Pero si como seres humanos no cambiamos para ser personas de Calidad Humana, creo que será mejor no vivir ni siquiera ochenta años, si nos causamos maldades entre nuestra misma especie y a todos los demás seres de la Naturaleza.

Pero si desde que nacemos, por medio de la Educación se nos despierta un sentimiento altruista y que lo manifestamos cuando estamos creciendo, en acciones de bienestar para con nuestros congéneres y aun extendemos esas virtudes para proteger a las plantas y los animales... cuando menos creando más reservas ecológicas.

Entonces sólo de esa manera estaremos manifestando una conducta más justa, noble y elevada donde estamos beneficiando no únicamente al hombre como individuo, sino a sus hijos, a las comunidades y a todas las demás especies.

El ser humano siente el placer de crear, por medio de aplicar sus habilidades intelectuales y manuales... y de esa manera trata de elevarse por encima del tiempo, del espacio y de la materia.

¿Con qué derecho vivimos cuando no hacemos nada por merecer la vida?

Por eso tenemos que actuar... y si la Ética, la razón y los Valores están de nuestra parte, todo lo que hagamos tendrá éxito aun en las genialidades innovadoras que como seres de Calidad Humana, emprendamos.

Pero hasta para educarnos, necesitamos tener tiempo u ocio productivo porque bien empleado el ocio será una inversión noble del tiempo, el cual creo yo que no es oro, sino pienso que realmente es vida y que sólo cuando se practica la Ética y los Valores, realmente le damos fuerza y rectitud a nuestra razón y a nuestra voluntad y en lugar de enfocarlas a un utilitarismo vacío y sin contenido de ideales, nos estaremos direccionando hacia la más noble de las profesiones que es la de llegar a ser hombres de más Calidad Humana, sin importar si terminamos o no una carrera profesional, pues seremos personas nobles y de mentes realmente pensantes que se elevan aun sobre las necesidades materiales para ser auténticos, creadores o genios que triunfan sobre los instintos para elevar la Calidad de Vida Y sin poner en peligro de extinción a las demás especies.

Sólo la Ética y los Valores, transforman la moral de los hombres; pero se necesitan además de los sentimientos, las acciones correspondientes y sin llegar a intransigencias fanáticas, porque los seres de calidad Humana permiten que la verdad los persiga en toda su vida, sin dejar que en esa carrera de la vida los alcancen los vicios.

Y eso lo defino como tener una tolerancia activa y libre pensadora que intercambia relaciones de simpatía, empatía, ternura y amor hacia todas las especies.

Así que como humanos, no hay que ser como árboles inútiles o sin frutos o casi sin hojas que no sirven ni para alimentar ni dar cobijo a nadie bajo su sombra.

Por lo tanto si salvas algo del Planeta Tierra, te corresponderá como herencia para ti en esta vida y para tus hijos y las futuras generaciones.

¡Salva la limpieza del agua, del suelo, del aire y de los mares!

Si vemos que el mundo se está yendo a pique, no seamos como los malos capitanes que abandonan su barco.

Porque el mejor camino y el que trae beneficios a todos... es y seguirá siendo el que cada ser humano cumplamos con nuestro deber que nos toque realizar en la vida, si somos barrenderos ser de los mejores, si somos padres de familia que no se nos vayan nuestros hijos o nuestro cónyuge, si somos maestros ser excelentes educadores de mejores generaciones, si somos médicos que no enterremos los errores, si somos arquitectos que no se nos caigan los puentes o los edificios, si somos jardineros que no se nos sequen las plantas ni las flores en fin que todos demostremos ser personas de excelente Calidad Humana.

Por lo tanto los buenos capitanes siguen siendo luchadores aun amarrados a su timón y aun cuando el tiempo sea muy malo... y no dudará en arrojar por la borda todo peso que esté poniendo en peligro la supervivencia de su barco y de sus pasajeros.

¿Es la Tierra un gran barco que va surcando el espacio y va lleno de vida? ¿Y quién es el Capitán?

Bueno pues en la vida dentro de nuestra Tierra, es igual, hay que desahogarse de lo que nos estorba para seguir corriendo rectamente, y esos pesos inútiles pueden ser vicios u otras cargas materiales que aprisionan nuestro espíritu.

Cada uno de nosotros es capitán de una familia, de una oficina, de un departamento, de un salón de clases, de una escuela, de una comunidad o de un país... y tenemos no sólo el deber u obligación de salvarnos nosotros como individuos, sino a todos los pasajeros, sean éstos los hijos, otros familiares, los amigos, los ciudadanos y aún todas las especies.

Pero para lograrlo hay que conservar la energía moral, física y espiritual porque sólo las buenas costumbres hacen amar el oficio, cualquiera que sea la función y que realicemos con Ética y Valores, en todos los campos del saber humano.

Si bien es cierto que, tenemos que saber lo pasado, podemos hablar de un asunto en el presente y podemos construir el futuro con más Calidad de Vida y tenemos que buscar un río que nos lleve al mar de la vida y por lo tanto creo que ese camino es el de la signatura de Ecología y Medio Ambiente, con beneficio para todas las especies incluyendo la humana.

¡Hay que ingeniárselas y trabajar para conseguir la miel de la Calidad Humana, de la misma manera como llegamos a gozar de miel de las abejas que trabajan con ingenio en la Naturaleza!

El enemigo del hombre en materia de Ecología y Medio Ambiente... es el hombre mismo; pero algún día tendrá que llegar a ser un hombre completo y de más Calidad en su cultura, para llegar a ser dueño de sí mismo, porque si pedimos justicia para nosotros mismos, no podemos ser injustos para con las demás especies.

### ¡Hasta el más grande hombre, terminará en el polvo de la Tierra!

Por eso yo creo que el saber facilita el triunfo, más que la fuerza y que si el corazón tanto de los maestros como el de los estudiantes, están alegres eso hará más ligero el trabajo y ambos correrán la carrera de la vida con honor y también serán coronados por el éxito.

¡Por eso más vale una ley sin amor, que un amor sin ley!

Por lo tanto creo que somos más fuertes con saber más porque la verdadera fuerza está en el conocimiento aplicado con acciones de Ética y Valores.

Y hasta cuando todo se derrumba en asuntos de Ecología y Medio Ambiente, es el espíritu el que levanta el cuerpo material... pero lo hace con potencia y gracia.

Por eso sólo creo en el verdadero amor, que es el que vive amando siempre sin importar los espacios y sin tiempos... y en eso creo que los niños son más sublimes que los sabios.

Porque aun el peor de los hombres puede ocultar su maldad bajo las buenas acciones que publica en los medios de comunicación.

Y sólo es con verdadero amor al trabajo donde se aplican las virtudes como la paciencia, la habilidad intelectual y manual encauzada al bien, la fe, la abnegación, y la humildad para servir a las especies con un producto o un servicio útil, bello y que eleve la Calidad de Vida.

Creo para lograr todo eso, sólo se logra predicando con la palabra y el ejemplo.

Sólo la educación perfecciona la naturaleza del hombre y pueden surgir los genios y los artistas que harán un mundo más ecológico en el futuro.

Por lo tanto lo mejor es trabajar y buscar el pan de cada día, el vestido digno y decoroso, un hogar limpio, educar a los hijos con Calidad y sin golpes... y cuidando a todas las especies de las comunidades, porque si derrochamos en las buenas, nos moriremos de hambre en la vejez y lo mismo sucede en el derroche en el Medio Ambiente.

Como maestro hagamos un lugar a los jóvenes y no tratemos de contrariarlos en sus vocaciones, para que el mundo de mañana no sea poblado por genios; pero corrompido por los bajos instintos y las pasiones.

Pero también es preciso honrar a la vejez y aprovechar su sabiduría... y lo merecen por su vida productiva y activa hacia el mejoramiento de una sociedad que fundaron y sostuvieron con sus impuestos muchos aspectos en la Calidad de Vida que los ciudadanos que no eran económicamente productivos, gozaron como Educación, Seguridad, Alumbrado Público, Salud, Carreteras, etc.

Pero recuerde aquí que el dinero, jamás proporcionará la verdadera felicidad, porque no hay amor donde no existe estimación por las personas y hasta un puñado de diamantes que se arroja al fuego, sin amor o por no conocer su Valor, se convierte nuevamente en carbón.

Por eso sólo el cultivo del espíritu, completa verdaderamente al hombre y el maestro debe infundir en los estudiantes, el vivo deseo de aprender; pero ambos deben ser sembradores de estrellas... aun en ese salón que a veces lo pienso como el jardín de las miradas...y miríadas de miríadas en busca del saber.

Si el maestro es competente en habilidades intelectuales y manuales, los resultados que obtenga en el aprendizaje por parte de sus estudiantes, se aproximarán a los ideales y a las esperanzas puestas en ellos por todas las comunidades de la Tierra.

Y si los estudiantes aprenden a ser obedientes y humildes, llegarán a ser altos, fuerte y rápidos o con mente sana en cuerpo sano... y sabrán mandar y tomar decisiones acertadas y beneficiosas para todas las comunidades, sobre la base de la Ética y los Valores, porque sólo en los hombres de Calidad Humana, existe el verdadero talento y la virtud.

Aunque los jóvenes económicamente no tengan nada porque apenas tendrán para sus libros y útiles escolares y su transporte yo pienso que en realidad son ricos en salud, fortaleza, en belleza, en bondades, en solidaridad, en libertad bien dirigida,... y porque son altruistas y son los mejores años para compartir con alegría lo que se tiene.

¡No hay miseria en la juventud!

Las comunidades que tienen muchos jóvenes, tienen aseguradas su futuro en su ideal de progreso, su sentido de trascendencia, en su Calidad de Vida... y más si son virtuosos y cuidan su Medio Ambiente.

A toda la vida, incluyendo todas las especies incluyendo las que existen en el reino vegetal, animal o mineral el hombre de Calidad Humana, muestra un corazón alegre, gozoso y agradecido.

¡Todo hombre es único en el Universo!

Debido a que nadie es igual a uno mismo, hay que aprovechar la magnífica oportunidad de vivir para realizarnos como verdaderos humanos.

Porque el hombre como el carbón, tiene que descubrir todo el tesoro que hay en ellos para llegar a ser diamantes valiosos que todos aprecien.

Por eso el hombre de Calidad Humana, no sólo se pone metas, sino que aplica toda su capacidad en aptitudes y actitudes para alcanzarlas y para ello hay que tener una actitud mental de auto motivación.

Los maestros deben lograr que sus estudiantes amen los cambios o que planeen transformaciones en las comunidades y que no deterioren el Medio Ambiente ni acaben con sus recursos naturales.

Y si es necesario explotar un bosque, que se beneficie la comunidad entera y no únicamente un voraz capitalista.

Además deben existir planes económicos; pero sustentables con El Medio Ambiente y si hay necesidad de deforestar un bosque, deben existir planes holísticos para reforestarlo.

Para lograrlo hay que comprometerse verdaderamente con la vida de todas las especies, para lograr un equilibrio entre la dependencia y la independencia de todos los seres vivos.

Si usted como maestro, logra hacer que sus estudiantes sean positivos, hallará la manera de lograr los cambios, porque las personas positivas son más luchadoras y triunfadoras que las negativas o pesimistas y escépticas.

Yo creo que siempre hay una mejor manera de hacer las cosas, puede que hacerlo de diferente manera sea más caro, o que haya que cambiar un cierto material o un determinado método o técnica; pero si tenemos la actitud apropiada y recta sobre la base de la Ética y los Valores, siempre lo lograremos y dentro de un juego por la vida donde todos ganemos.

Sólo el miedo es el peor enemigo para tener éxito; pero aun cuando haya resultados que definitivamente no esperaríamos, debemos celebrarlos y aprender de esos errores; pero no desmotivarnos y debemos reorientar nuestras acciones para el siguiente intento por lograr la meta, la cual solo se alcanza por medio de objetivos más pequeños, pero que en conjunto nos dan la sinergia en el camino hacia la meta.

Para todo buen propósito en la vida... y más en Ecología y Medio Ambiente, se requiere que haya armonía y cooperación entre las personas que integran las comunidades y para eso hay que aplicar una **actitud de Calidad Humana** para no ser infeliz en el trabajo, ni hacer infelices a los demás.

Porque si usted se fija en nuestro conjunto de veinte galaxias donde está situada nuestra Vía Láctea... todas las estrellas, los planetas y los agujeros negros cooperan para estar en un Equilibrio Dinámico... Sustentable y siempre en movimiento.

Pero si no podemos controlar lo que pasa fuera de nosotros, por lo menos hay que controlar lo que pasa en nuestro "Yo" o en nuestra comunidad en materia de Medio Ambiente.

La persona negativa o pesimista gasta una gran cantidad de energía en su lucha estéril y eso lo debilita y sólo la persona positiva o de más Calidad Humana, al estar en armonía con el Todo, se fortalece y adquiere más poder y ve los problemas como oportunidades para aprender.

¡El río está conminado!... ¿Puedo ayudar?

Así que ser verdaderamente inteligente, es saber realizarse en todas las circunstancias de manera positiva y asertiva sobre la base de la Ética y los Valores y para el beneficio de las comunidades.

Si en mi comunidad no hay mar y como no puedo tener lo que quiero; por lo menos debo querer lo que sí tengo.

Si tengo un río y una cascada, entonces debo verlos como oportunidad de promover Ecoturismo; para tener una ventaja económica; pero sin dañar el Medio Ambiente.

Pero para eso tengo que limpiar mi mente de contaminación espiritual porque si le meto basura intelectual, también convertiré en un basurero mi comunidad.

¡Ama lo que hagas; pero sobre la base de la Ética y los Valores!

Por eso creo que en Educación, es muy importante cultivar la buena voluntad de los estudiantes para lograr metas, porque los hombres de Calidad Humana, aplican su voluntad y su perseverancia para desarrollar todas las demás virtudes y cualidades de su mente y cuerpo.

Porque toda realidad deseable o espiritual, primero existe en la mente antes de ser una realidad objetiva y por eso conocemos que el hombre llega a ser lo que se proponga ser; pero sólo la Ética forma los hábitos correctos en la construcción de su carácter.

Los maestros hacen que sus estudiantes conviertan los pensamientos en verdaderas acciones y si hay deseo de lograr algo en materia de Ecología y Medio Ambiente, el grado de deseo indicará en los estudiantes el grado de acción necesario para cumplirlo en beneficio de todas las comunidades.

También tengo que decir que, si antes no hay conocimiento en los estudiantes no puede haber el deseo de cumplir algo.

Desde luego, opino que se necesita fe para hacer las cosas porque cuando no tenemos fe y confianza en uno mismo, es imposible prácticamente... o se conseguirá el éxito con muchas dificultades y con pérdida de tiempo, dinero y esfuerzo.

Así que para salir adelante en el progreso material y espiritual, se necesita aplicar con Ética un Yo Puedo, un Yo sé y un Yo quiero.

¿Lo que hago me hace mejor como individuo y beneficia a las demás comunidades y a todas las especies de animales y plantas?

Si el pensamiento es reflexivo y constructivo, hay que poner nuestra voluntad en crear, innovar, mejorar, edificar, hacer, tener, saber y convivir.

Además considero que, no hay por qué trabajar más; si no trabajar de manera más inteligente porque no todas las actividades significan que tenemos más productividad, sino que lo importante es cuidar los recursos... y más el Medio Ambiente.

En materia de Ecología aunque es bueno reflexionar sobre los errores cometidos en el pasado, lo mejor es aprender de ellos y trazar un buen plan para un mejor futuro en cuanto al Medio Ambiente.

¡Si no cambiamos nuestra actitud hacia el Medio Ambiente, tarde o temprano lo pagaremos demasiado caro!

Quiero retomar, como maestros que en asuntos de Ecología y Medio Ambiente, de una u otra manera somos vendedores de un paquete social y que tenemos que ser buenos vendedores para que los estudiantes digan: ¡Lo compro!

Porque la amistad y la sabiduría aplicadas a todas las especies del Medio Ambiente, es más valiosa que los diamantes naturales (porque también hay industriales).

Por eso estoy convencido que sólo el conocimiento es lo que hace ricos tanto al individuo como a la comunidad; pero dentro de ella lo más importante es ser feliz y en paz con las especies vegetales y animales.

Por lo tanto tengo que amar al prójimo y a mí mismo, sin tener tiempo para el odio o por lo menos sólo odiar los malos hábitos y cambiarlos por buenas costumbres aprendiendo lo que es la Ética y los Valores, pero también aplicarlos en todas mis acciones humanas.

¡El hombre de Calidad Humana, llega a creer que es un verdadero milagro de la Naturaleza!

Porque como humanos, tenemos potencialidades ilimitadas y nuestro propósito al nacer debe ser el de desarrollarnos todo lo posible en todas nuestras cualidades físicas y espirituales para llegar a ser grandes en Calidad Humana.

De lo contrario si somos apáticos y no nos comprometemos en proyectos en proyectos de vida, será más pesada la esclavitud a los vicios porque no somos capaces ni de gobernarnos a nosotros mismos.

Así que sólo nuestra energía espiritual nos puede salvar para no caer en el fango de sólo satisfacer los instintos y revolcarnos como los puercos... y con perdón de los cochinos.

Entonces es sólo con la Ética y los Valores como nos realizamos como verdaderos seres humanos para llegar a ser grandes en muchos campos del saber humano.

¡En materia de Ecología y Medio Ambiente, dejar de luchar por conservar un equilibrio con todas las especies es comenzar a morir como seres humanos!

Es necesario que recuperemos el honor en todas las comunidades, la dignidad y el orgullo de la casta o de nuestros valores biológicos y culturales para no permitir la indiscriminada explotación de los recursos naturales, sólo por la aparente seguridad de la economía o sólo para el beneficio de unos cuantos ricos de la Tierra con el consecuente perjuicio para la mayoría de la gente.

Las crisis en Ecología y Medio Ambiente, son dolorosas y difíciles; pero se deben aprovechar como oportunidades para aprender y no seguir contemplando la extinción de las especies.

Así que en el camino de la realización de la conservación del Medio Ambiente, no hay que considerar el tiempo, ni el esfuerzo que irán implicados, sino que hay que tomarlo como un camino constante de mejora en beneficio de todo el Planeta.

Por lo que en Ecología como en todo asunto bajo el Sol, hay que salir a buscar nuevos retos, aprendiendo a saber Qué hacer en cada situación, Cuándo es más conveniente hacerlo, Por qué hay que hacerlo y sin pensar en el Costo porque al final nos saldrá más cara nuestra negligencia.

Es mejor aplicar todas nuestras capacidades: la física, la espiritual, la intelectual y sobre todo la moral, sobre la base de la Ética y los Valores.

¡Hay que sentir la alegría de vivir; pero respetando nuestra propia integridad física, la de otras personas y la de todas las especies!

Por lo tanto, los maestros deben inculcar en sus estudiantes el deseo de trascender, de dejar una huella ética en todas sus acciones y a que verdaderamente disfruten la vida; pero respetando el derecho a la vida de todas las especies.

¡Las especies nos son útiles, bellas, necesarias y están para servirnos; pero no para que las extingamos!

Entonces creo que sólo el amor manifestado en la grandeza de la Calidad Humana, es la búsqueda perenne del Bien Hacer y Actuar; del Bien Tener, del Bien Estar y del Bien Convivir con todas las especies.

Así que en Ecología, si hay destrucción, no hay que hacer lo que todos hacen para seguir deteriorando todavía más el Medio Ambiente, sino que hay que reencontrar el sentido de la vida y alzarnos sobre nuestra ignorancia para restaurar la Naturaleza como se hace con una madre generosa y abnegada que después de parir hay que reparar sus fuerzas y restaurar su salud y su bienestar para que nos siga sirviendo, pues de lo contrario seríamos inhumanos o con menos Calidad Humana si lo prefiere.

Para lograrlo tenemos que volver a descubrirnos como criaturas perfectas, con inteligencia y con habilidades para aprender y descubrir o encontrar nuevos horizontes para alcanzar la convivencia pacífica con todas las especies.

No es necesario aprender sólo lo que es la Naturaleza, sino hacer acciones bondadosas y amorosas por todas las especies y todavía enseñar a otros seres humanos para que ellos también lo descubran o lo comprendan.

¡Los conocimientos científicos sólo son válidos, si preservan el Medio Ambiente y le dan más importancia a los sentimientos de todas las especies!

Así que yo creo que toda ciencia al igual que cada persona en la vida, pasa por la infancia, adolescencia, juventud y madurez como estados sucesivos de conciencia.

¿Hasta cuándo lograremos que la madurez de nuestra conciencia empate con la Naturaleza?

Ya tan sólo reflexionar y actuar sobre la base de esta pregunta, haría que no muriéramos del todo, aunque nos hallemos como solos en el mar humano con sus olas de diferentes pensamientos, de donde recogemos ramilletes de flores intelectuales para construir discursos o tesis para que sigan existiendo los campos y las plantas que nos deleitan con las verdaderas y fragantes flores.

¿Hasta cuándo nos daremos cuenta que el deseo de la riqueza material sólo corrompe a los hombres y deteriora al Medio Ambiente?

La realidad es que la verdadera Calidad Humana, no tiene relación sólo con la retención memorística de los contenidos de Ecología y Medio Ambiente.

Si no que las sociedades se pierden o se conservan o progresan sólo sobre la base de la educación que, es mayor y mejor que la instrucción.

Es mejor entonces una generación que enriquece a la sociedad sin el deterioro del Medio Ambiente y cuando son capaces las personas de Calidad Humana de reinventar la Ciencia, cuando sólo está perjudicando a las especies del Planeta.

## La labor del maestro en educar a otras generaciones

El maestro no puede enseñar lo que no sabe, y además debe ser congruente ante sus discípulos si enseña ética y Cuidado del Medio Ambiente, porque lo quiera o no es un ejemplo para los estudiantes o un modelo a imitar o seguir.

*¡El maestro debe enseñar, pensando no sólo en su propio interés, sino en el de sus estudiantes y en el interés de la sociedad y en un interés de elevar la calidad de Vida; Pero sin deteriorar al Medio Ambiente... y en el bienestar de todas las especies!*

Por lo tanto podemos decir que estamos construyendo nuevos conocimientos, cuando somos capaces sobre la base de la Ética y los Valores, de adoptar una teoría y de adaptarla a nuestras necesidades, pero sin dañar al Medio Ambiente.

Así que sólo existe un verdadero saber, si inventamos algo que no nos dañe y que no acabe con las especies de la Tierra.

Y por medio de una Educación que no ayude sólo a los poderes hegemónicos, sino que beneficie a todas las comunidades.

Y para ello debe existir un verdadero diálogo entre todos los agentes de la Educación, porque en realidad todos nos educamos entre todos, y todos nos instruyen y nosotros educamos a alguien porque aprendemos hasta de los niños y aun de las especies animales y vegetales.

No por nada llamamos Planta a una empresa de bienes y observando el vuelo de las aves construimos aviones aerodinámicos y me atrevo a decir que todos los ejemplos de la Biótica que se les ocurran a mis lectores porque en realidad le copiamos modelos a la Naturaleza, al ver como se sumergen los animales y hasta insectos en el agua diseñamos útiles para bajar al mar, cuando miramos cómo viven las termitas u otros animales en sus madrigueras les copiamos su sistema térmico o de aire acondicionado para fabricar nuestros aparatos de calefacción o aire, copiamos hasta la música de las aves canoras en canciones y conciertos(sino que lo diga Vivaldi en sus Cuatro Estaciones)... y la verdad que nuestras invenciones contaminan el Medio Ambiente con desechos de nuestros procesos en las industrias, mientras las plantas y animales aún con sus desechos hacen un beneficio a otras especies pues sus residuos son biodegradables.

Así que sólo podemos transformar la realidad cuando hay una transformación en nuestra conciencia o un desarrollo en más Calidad Humana.

Y para que haya un desarrollo en la Calidad Humana de todas las comunidades, se requiere ser disciplinados y reflexionar y actuar sobre una cierta realidad muy concreta, porque si se acepta la realidad de un Medio Ambiente deteriorado, sería aceptar un pesimismo destructor de la especie humana y de todas las demás especies.

¡En ecología y Medio Ambiente hasta el mismo educador necesita ser educado!

Yo creo por mi parte que, para salvar el Medio Ambiente... hasta se necesita estar medio loco, porque a los hombres normales, les parece normal... y hasta lógica la extinción de las especies.

Entonces no importa que hagamos acciones ecológicas por estar medios locos o llegar a estar locos por hacer acciones ecológicas; pero lo más crítico es no llegar más allá de una locura completa y tan catastrófica para todos... por la extinción de las especies de nuestro Planeta.

Para no hacer lo que Nerón... y ver pasivamente...lánguidamente y hasta con beneplácito como se están quemando los bosques por el calentamiento global al cual todos contribuimos o extinguiendo las especies y todavía estar sumidos en un mundo caótico de vicios... y para todavía seguir cantando.

Con el ejemplo de Nerón, afirmo a mis lectores que es más valiosa la Educación que, la instrucción, el poder y las riquezas o todas las demás cosas materiales que tenía ese Emperador; pero por lo menos yo creo que no tenía educación... y mucho menos Calidad Humana, y ya ni hablar de la Ética y los Valores en sus acciones corruptas y perversas para los de su misma especie y todas las demás del Medio ambiente.

¿No seremos una generación de Nerones?

Al contrario, yo pienso que debemos ser humildes y pensar que sólo somos forasteros en esta maravillosa Tierra y que simplemente con la contemplación de un río de aguas cristalinas, o el disfrutar de una blanca y tranquila playa y como fondo el vuelo de las gaviotas sobre un mar majestuoso o escuchar el canto de las aves en los bosques o el vuelo majestuoso de las águilas o el delicado vuelo y alegre de miles de mariposas o aspirar el delicioso perfume de las flores... tan sólo una pequeña especie de la gran Naturaleza, alegra el corazón intelectual y físico de los hombres.

Por eso para ser sabios en asuntos de la Naturaleza, debemos querer desprendernos de nuestra tontedad y descubrir nuestra verdadera misión en el concierto de todas las estrellas.

Quien ama vive y quien vive trabaja y quien trabaja con Ética y con Valores tiene el pan diario, sin destruir el mundo que heredarán sus hijos el día de mañana.

*¡Tengo que cuidar el Medio Ambiente para disfrutar una verdadera Calidad de Vida!*

Si vemos que todos van contaminando el camino por donde vamos en la vida, quizá será porque no saben que dañan a sus hijos que vienen detrás.

Así que pare, mire, reflexione, cambie de dirección o quítese del camino porque es muy peligroso para su salud caminar por donde todos caminan.

¡La extinción de las especies se debe a una cierta oscuridad en los pensamientos de los hombres!

En Ecología y Medio Ambiente, los maestros decimos a los estudiantes que lo único valioso que tenemos es la vida y que por lo tanto hay que cuidar el Medio Ambiente para conservarla.

También enseñamos que con Ética y Valores a los estudiantes se les abren las puertas.

Por eso si perjudican a la naturaleza en realidad se estarán perjudicando a sí mismos.

¿Del creador se recibe la vida, la mente, el aire, el agua, el alimento, el amor, los elementos en la Naturaleza para fabricar utensilios... y todavía dudamos que exista?

Tenemos que cumplir nuestra misión en la vida y ser productivos porque de un solo árbol salen: las tablas para la cuna de los niños, para construir una casa, vigas para la casa, leña o carbón para calentarse o preparar los alimentos, que en base a sus frutos nos alimentamos o los convertimos en azúcar, obtenemos papel, genera oxígeno para que respiremos... y hasta construimos nuestro féretro para regresar a la Tierra.

¡Protege un árbol y él te servirá!

Creo que ningún rico tiene verdadera riqueza, si desea acabar con los bosques, cuando aún en toda su vida como humano no se gaste ni una parte de su fortuna, por mi parte opino que es el más pobre de los hombres y es necio en su entendimiento de la vida... y en vida se está perjudicando y lesiona a todas las comunidades de la Tierra.

Entonces por el modo de actuar y hablar se descubre la Calidad buena o mala de las personas.

Pero con sabiduría en acciones de Ética, se vive con mente sana en cuerpo sano y se generan orden y métodos para funcionar en armonía con todo el Universo.

¡Sí realmente la verdadera felicidad consiste en ser virtuoso!

Por eso creo que el ideal es una fe que está siempre en el camino eterno de la perfección hacia la Calidad Humana.

Sólo podemos decir que vivimos, si somos capaces de dejar trascendencia porque sólo los seres superiores sobre la base de la Ética y los Valores, facilitan el progreso de la especie humana y todavía se preocupan y ocupan por el cuidado de todas las especies, porque le hombre de Calidad no vale por lo material, sino por su saber, porque miran no lo que es bueno para sí mismos, sino lo que es bueno para todos y porque ven lo que los demás no ven ya que siempre están buscando y admirando lo mejor... y además saben bien que la mayoría no siempre tiene la razón.

Así que un hombre podrá nacer en una cuna de oro, tachonada de piedras preciosas, pero no significa que herede la Sabiduría porque está sólo se consigue con verdadero trabajo y esfuerzo en el camino del conocimiento.

Por eso los maestros tienen una loable misión: enseñar a los estudiantes a saber organizar y a elevar la Calidad Humana porque aunque los educandos tengan buenos dones, es necesario cultivar su buena voluntad para hacer acciones en sus vidas con Ética y valores.

El maestro despierta en sus estudiantes el criterio del Valor entre las acciones buenas y malas, entre lo que es bueno y lo que es malo o entre lo acertado y lo erróneo en las prácticas humanas.

Por eso creo que de una manera u otra la Educación está inmersa en los mismos Valores.

Me parece que todas las culturas del mundo tienen Valores inherentes a la vida de sus comunidades y esos valores Culturales son compartidos y respetados en común por todos los habitantes.

Por lo que desde mi humilde opinión creo que en todas las Culturas los seres humanos poseen una similitud de pensamientos que inherentemente giran en torno a la Ética... y aunque no sepan lo que es la Ética.

Puedo afirmar también que toda Cultura tiene un origen, un desarrollo, llega después a un estancamiento y llegará a un colapso o se acabará su Cultura, si no sigue basándose en la Ética y los Valores.

De esa manera han caído los grandes imperios que han existido sobre la Tierra... y lo mismo le está ocurriendo al actual...pero no piense que le mundo se va a acabar en el 2012....si Jesús dijo que no sabía...menos los mayitas.

Por eso creo que toda comunidad debe tener un propósito siempre futuro para aprender lo suficiente para reorientar sus acciones sobre la base de la Ética y estar siempre en posibilidades de construir un futuro mejor.

Por lo tanto aún en Ecología y Medio Ambiente, creo que las crisis aunque no produzcan nuevas ideas por sí mismas, sí abren un camino para la creación o la recreación de nuevas interpretaciones culturales y enfrentar la incertidumbre del mañana.

Por lo tanto soy optimista y positivo y además creo que a pesar de que nuestra época en este Siglo XXI, sea de desintegración, tendremos como seres de Calidad Humana, la capacidad de la renovación y de la reintegración en todos los campos y en todas las actividades de la especie humana; pero que sin duda tendremos que emprender acciones concretas sobre la base de la Ética y los Valores que renueven nuestra personalidad con una actitud positiva hacia la Naturaleza y todo el Cosmos.

Solamente de esa manera perpetuaremos nuestra existencia como especie y la de todas las demás especies.

Así que el hombre que actúa con maldad, es porque es ignorante y hay que educarlo porque es de nuestra especie y nos une con él un parentesco y si no lo hacemos será esclavo de los vicios y hará sufrir a otros individuos dentro de la comunidad.

¡En realidad son nuestros bajos instintos y los vicios los que nos impiden ver a Dios!

**Mientras no seamos capaces de ver a los seres humanos que sufren y hacer algo por ellos, no podremos ver a Dios.**

Porque todos nacemos libres, con cualidades, puros y solo la buena o la mala educación que se imparta hará buenos o malos a los hombres y esa educación es la de la familia, la de la escuela, la del trabajo y la de la sociedad con sus medios de comunicación de manera buena o mal utilizada en todas las comunidades de la Tierra.

Así que tenemos que aprender aplicar en la vida sólo las ideas correctas y aprender... y aprender a fluir en el río de la vida, siendo felices y haciendo felices a los demás.

De tal forma que veamos conscientemente la vida, como nos parece que es en nuestros sentidos, pero con un aprendizaje constante para llevar a nuestra Súper conciencia, el reino de las ideas perfectas sobre la base de la Ética y los Valores.

Desechando los pensamientos malos de la envidia, la ira, el temor, la ignorancia y la indolencia por las demás especies.

Sobre todo, respetando el orden que hay a nuestro alrededor o el equilibrio de nuestro Medio Ambiente, porque la ley del Orden y la Armonía es la primera Ley del Universo.

No suframos nosotros ni hagamos sufrir a las demás especies porque el sufrimiento no es necesario para el desarrollo físico y mental de todas las especies.

Recordando que como maestros que, aunque nosotros sólo vemos una pieza de mármol, el artista estará viendo la figura esculpida que está dentro de ella y que con paciencia, trabajo y conocimiento... la sacará a la luz o a la realidad para que otros seres humanos gocen de lo que no fueron capaces de ver ni hacer.

Como lo mismo podemos decir de un músico o de un pintor, será mejor que el maestro sí vea en sus estudiantes lo que otros no ven (a veces ni aún sus propios padres), la potencialidad de ser doctores, maestros, abogados, empresarios... y artistas para que sigan existiendo las comunidades... o un ecologista para que sigan cuidando a todas las especies y luchen el día de mañana por El Cuidado del Medio Ambiente.

¡Los maestros y sus alumnos deben ser capaces de ver las ideas hasta antes de que se manifiesten!

Porque el desarrollo humano tiene que ver con la familia, con las escuelas, con las empresas y con otras organizaciones de la sociedad.

Los egresados en su autorrealización estarán auto dirigiendo sus potencialidades en su vocación y con una vitalidad que exige eminentemente un constante desarrollo integral y un aprendizaje siempre constante en beneficio de todas las comunidades.

Porque **la Ética en las acciones exige un nivel de energía suficiente en lo físico, en lo psicológico y en lo espiritual** y si no hay buenas conductas en beneficio de todas las especies yo considero que no hubo aprendizaje verdadero porque el conocimiento es de la vida y para la vida.

Creo que los egresados con su trabajo en las empresas de bienes y servicios o en cualquier organización ya sea pública o privada o incluso en sus propias familias los profesionistas le imprimen un sello personal a sus actividades porque ese esfuerzo que hicieron los maestros que los formaron desde Preescolar hasta Educación Superior no se pierde... y su rendimiento en beneficio de todas las especies debe ser de....Calidad Superior.

Por lo tanto creo que el ejercicio de la carrera profesional por parte de los egresados, en asuntos de Medio Ambiente, es un camino de maduración, de desarrollo en conocimientos y habilidades, pero sobre todo en responsabilidad con sus comunidades porque desde el punto de vista Ético lo más deseable es la adecuación de la persona con su realidad o aún mejor, transformar las realidades a estados más deseables de Calidad de Vida ya sea para seguir existiendo como especie humana o como una organización unida para planear cambios necesarios para construir un mejor futuro para todo el Planeta.

Así que creo que sólo el verdadero hombre culto o de Calidad Humana, es el que ha aprendido a aprender porque sus maestros ya no estarán allí en la realidad laboral, familiar o social que desean transformar; pero que aún sin sus educadores sabrán tomar sabias decisiones sobre la base de **la Ética y los Valores para forjarse una mejor Calidad de Vida** para él mismo, para su familia, para su comunidad y sin perjudicar a las demás especies y preservando el Medio Ambiente.

¡La buena educación es integral en lo humano, lo familiar, lo laboral y lo social!

Por eso los maestros deben tratar de que sus estudiantes sean personas asertivas, lo que significa que sepan, puedan y quieran defender sus propios derechos, pero sin violar los derechos de los demás y sin olvidar que aún todas las especies vivas tienen derecho a la vida y que podrán utilizarlas en su beneficio; pero sin llegar a la extinción.

En materia de Ecología y Medio Ambiente, las personas escépticas sienten miedo de sus limitaciones, pues no se permiten equivocaciones y sienten miedo al fracaso y eso les impide arriesgarse y por lo tanto sólo prefieren la mediocridad y son insensibles a las necesidades de los demás... y hasta se hacen hostiles.

Mientras que por otro lado, las personas integradas, poseen un buen conocimiento de sí mismos y conocen sus capacidades, pero también sus limitaciones por lo que aplican siempre la Ética y los Valores en sus decisiones y eso les da un equilibrio entre lo material y lo espiritual.

¡La felicidad es el bien supremo!

Por eso tiene mucho valor la filosofía en la vida de los maestros y en el aprendizaje de los estudiantes porque esta Ciencia, busca las posibles conexiones, estudia las posibilidades, estudia otras realidades porque comprende que todo tiene que ver con todo.

Yo creo que una persona de Calidad Humana, es virtuosa y que al actuar con verdadera conciencia de sus actos, busca el equilibrio entre el mundo sensible y el ideal.

Por lo tanto al evitar el daño al Medio Ambiente que lo rodea, está evitando el mayor número posible de dolores, inquietudes y ansiedades así mismo, a sus congéneres y a todas las especies.

Y finalmente en este subtema, les digo a mis lectores que conceptúo la Calidad Humana como la implicación de la sinceridad en las acciones, con profundidad de pensamiento, con honestidad y sobre todo con la congruencia entre lo que se dice y lo que se hace.

¡Sólo el verdadero y perfecto placer no causa ningún dolor
A ninguna especie!

Y esto es pensar de manera universal... de manera holista...con educación holista para desarrollar a las personas en más Calidad Humana.

Así que me da pie para mi siguiente subtítulo:

# Administración Holista

Después de todo lo anterior, pretendo en este subtema y sin ser especialista en el asunto de holismo, si quiero por lo menos poner por escrito algunas ideas que se me ocurren respecto a la relación que tiene con la Ecología y el Medio Ambiente porque mediante una explotación racional de los recursos sin acabar con las especies es conveniente A TODOS en cualquier comunidad del mundo.

- Al tomar decisiones en el aprovechamiento de los recursos naturales:

Estas tienen que basarse en no dañar el Medio Ambiente para no generar condiciones que sean adversas a las especies vegetales y animales o para que no haya una pérdida de las especies a expensas de otras.

Por lo que es necesario examinar no sólo las consecuencias financieras, sino tomar principalmente las consecuencias sociales y por lo tanto hay que integrar y relacionar los beneficios y los perjuicios en el hábitat.

- Hay que tomar en cuenta el poder de los paradigmas:

Hacer intervenir a otras Ciencias y adoptar y adaptar otros marcos teóricos porque hay que recordar que en el concierto de la vida sobre la Tierra, todo tiene que ver con todo cuando se quieren administrar los recursos de la Naturaleza de manera sustentable.

Así que habrá que considerar la Cultura de las comunidades en sus costumbres, prejuicios e ideas de progreso y su Calidad de Vida y su sentido de trascendencia.

- **Es muy hermoso vivir la vida; pero sin destruir el Medio Ambiente:**
  Y para eso habrá que cuidar la salud del Medio Ambiente en beneficio de todos porque EL MUNDO ES DE TODOS y en realidad no existimos como partes individuales en la Naturaleza, sino que estamos en una interdependencia con todas las demás especies y formando un todo con el Medio Ambiente.

  De tal manera y de forma tan dramática que cuando un solo microorganismo es quitado de su ambiente natural o se le extingue de una comunidad o hábitat, todos los demás organismos se verán afectados dentro de la cadena alimenticia.

  Por lo tanto un cocodrilo al ser quitado de su hábitat, no será realmente el mismo cocodrilo en otro lado.

- El Medio Ambiente actúa como un todo:
  No podemos pensar sólo en lograr una meta en términos de ganancia económica, si no somos capaces de preservar nuestro Medio Ambiente o por lo menos sustentarlo.

  Las plantas tienen habilidad para descomponer y reciclar sus nutrientes; pero sólo que sean biodegradables y en algunos casos... un poco más como en el caso de celulosa y las maravillosas bacterias que en algunos casos pueden alimentarse de minerales que han sido contaminados.

  Así que por lo general hay que descansar las tierras en ambientes húmedos y se recuperarán y por lo general no hay que dejar descansar las tierras de los ambientes secos porque se acelera su destrucción y lo mejor es rotar los cultivos y abonarlas con productos biodegradables o con compost.

  El descanso de las tierras es generalmente exitoso si se siembran seis años seguidos y se deja descansar el séptimo año,

Se puede decir que el descanso de las tierras es una herramienta poderosa para restaurar las tierras y mantener la biodiversidad.

- Hay que reconocer las conexiones entre depredadores y presas no únicamente cuando se refiere a los animales, sino también en plantas y animales y el uso del fuego en las tierras:

Por lo general donde hay diversidad de animales las plantas son verdes y siempre están en crecimiento.

Los animales al comer las hojas de las plantas es como si las podaran, además con su saliva, su orina y su excremento les ayudan a crecer y al pisar con sus pezuñas permiten que haya buena aireación en los suelos.

Por lo tanto hay que hacer un buen pastoreo al mover adecuadamente al ganado para no permitir que acaben con plantas y pastizales.

Todos los rumiantes producen metano y es beneficioso para las plantas.

Una sobre poda por parte del ganado en las plantas acaba con las raíces mismas.

Hay que cuidar que no haya una gran concentración de animales sobre una misma superficie del terreno por mucho tiempo pues perjudica el suelo al compactarlo.

También hay que saber cuándo es conveniente quemar una extensión de tierra y cuando no lo es.

Pues si se quema muy seguido la tierra, digamos cada cuatro años, y se podrá observar que avanza la erosión del suelo y que la mala semilla es la que crecerá en abundancia.

En cambio, un uso adecuado del fuego removerá toda la materia muerta y le permitirá a las plantas, una vez que germinen sus semillas, crecer libremente otra vez.

- Hay que tomar en cuenta el proceso que hay en todo ecosistema en cuanto a:

- El ciclo del agua.
- El ciclo mineral.
- El flujo de Energía Solar y otras energías.
- Las comunidades Dinámicas.

• Hay que tener una visión completa del cuadro de la Naturaleza:

Tomando primeramente en cuenta los sentimientos de las comunidades haciéndoles saber qué es importante lograr y por qué hay que alcanzar la meta holista que se propone.

Hay que tomar en cuenta la Calidad de Vida de la comunidad y hacerles saber qué beneficios se alcanzarán todavía más en cuanto a esa Calidad.

Hay que tomar en cuenta lo que significa su sentido de trascendencia en lo individual, en lo familiar, en la comunidad y en el país.

Habrá que fomentar también el deseo de heredar una comunidad con un Medio Ambiente mejor.

Fomentar el sentido de progreso material y humano.

De tal forma que los recursos naturales que se vayan a explotar no pongan en peligro la extinción de ninguna especie y que proporcionen progresos, salud, bienestar social y que se afiancen los Valores familiares en las comunidades.

Además hay que encauzar éticamente los comportamientos, los hábitos y las acciones para que haya consistencia y congruencia entre lo que decimos con lo que estamos haciendo y con lo que vamos a ser en el futuro.

Hay que educar a todos los estudiantes de todos los grados y de todos los niveles escolares y aprender todos que cuando decimos "la tierra", no nos estamos refiriendo únicamente al suelo, sino a lo que hay arriba de ella como son las plantas, los animales, las aves y los insectos... y aún a lo que está debajo de ella como son los microorganismos, las raíces, las plantas, las madrigueras de animales y aún a lo que la circunda como son los ríos, los lagos, los mares... en fin nos estamos refiriendo a toda la Tierra como un Planeta vivo como un organismo vivo en comparación con otros planetas que no lo están y que si enfermamos a nuestro planeta todos sufriremos, pero que si somos capaces de mantenerlo sano todos tendremos Una Mejor calidad Vida en todos los sentidos.

Tenemos que comprender que es más valioso el mundo Biológico, que el mundo del dinero o cualquier otra mezquina riqueza individual, que no se funde en el bienestar de todas las comunidades del Planeta ni en la Ética y los Valores.

- Por medio de la **implementación de una Calidad Humana** hay que hacer sentir a las comunidades que ellas son las dueñas de sus tierras:

Donde el individuo y el colectivo sientan que disfrutan de una Calidad de Vida, con aire limpio, alimento rico y variado, con agua limpia y potable, tener una mente en un cuerpo sano y "que su tierra" sea rica en biodiversidad biológica.

Sin hacer sentir a las comunidades que ellas son realmente las propietarias no podremos decir que haya una administración holista de los recursos o de que estamos fomentando un desarrollo sustentable en las comunidades.

- Comprender la interrelación entre los ecosistemas:

Cada uno de los ecosistemas existe porque está interrelacionado de manera dinámica con otro.

El aumento de bióxido de carbono, la lluvia ácida o el desastre de una planta nuclear nos demuestran dramáticamente que no existen los sistemas aislados.

Así la mala decisión de utilizar un pesticida o de quemar un campo pudiera terminar en un desastre ecológico.

Por lo tanto "algo que se extinga" tendrá que ver en mayor o menor grado con el ciclo del agua, con el ciclo mineral, con el flujo de energía o con toda la comunidad dinámica de plantas y animales.

- El ciclo del agua:

La Naturaleza del suelo es vital para el ciclo del agua, si hay lombrices de tierra habrá una gran penetración y retención del agua y por lo tanto habrá más crecimiento y abundancia de plantas con flores y frutos y más animales como insectos.

Pero para que haya un ciclo efectivo del agua, se requiere que haya baja Evaporación del suelo, que sea mínimo el escurrimiento, que haya una alta transpiración en las plantas y sobre todo que haya alta precipitación de agua.

Recuerde que si le añadimos contaminantes al agua en nuestros procesos industriales... se nos regresarán en forma de alimentos contaminados y... beberemos agua contaminada.

Porque aún los ríos subterráneos se dañan debido al uso de los productos químicos.

• El ciclo mineral:

Aquí se incluyen todos los nutrientes que sustentan la vida vegetal y animal.

La descomposición de plantas y animales provee la energía que otros organismos necesitan.

Los abonos químicos destruyen a muchos organismos y microorganismos del suelo e inhiben a otros que son valiosos para fijar el nitrógeno de la atmósfera.

Las cosechas de monocultivos resultan en un sistema de raíces menores y crean un Medio Ambiente que desalienta la biodiversidad de las especies vegetales y animales y eso baja la Calidad Vida para todas las especies que vivan en ese Medio Ambiente... incluyendo a la especie humana.

Por lo que podemos observar que las raíces de las plantas son los principales agentes para levantar los nutrientes minerales desde las capas inferiores del suelo hasta la superficie y esos minerales sirven para el crecimiento saludable de las plantas, los animales... y la especie humana que se alimenta de ambas.

Por lo tanto podemos decir que un ciclo mineral excelente, requiere un alto porcentaje de humus en las superficies de los suelos, alta diversidad de microorganismos e insectos, que sea cerrado el espacio entre las plantas, que sea porosa la superficie del suelo, que haya abundancia de plantas con raíces grandes y que no haya pérdida de minerales en la superficie del suelo.

Y una vez que las plantas han obtenido los nutrientes minerales del suelo y del aire... finalmente los regresarán al suelo en forma de hojas, cañas, ramas, semillas, flores, cuerpos muertos de animales e insectos y otros residuos biodegradables.

• La Comunidad dinámica:

Usted puede darse cuenta de que hay interrelaciones dinámicas cuando observa a una ardilla que sube a un árbol que tiene algunos hongos, mirará que la ardilla se alimenta con los frutos del árbol y que el excremento de la ardilla beneficia al hongo... y aún verá que hay hormigas que protegen al árbol y que el hongo aleja a otros organismos no deseables para la ardilla, el hongo, el árbol y las hormiga y también observará que los pájaros se benefician con residuos de los frutos y que el hombre se deleita con el canto de esas aves.

Son útiles los bacilos y los virus para los seres humanos; pero sólo si son manejados con seguridad.

Todos los organismos vivos por su mera presencia en los micros ambientes benefician a todas las especies.

La rotación de las cosechas beneficia a todas las especies.

El abono natural también favorece la biodiversidad en los microorganismos y otros organismos vivos.

Algunos países ya prohíben el uso de productos químicos como fertilizantes en la agricultura debido a que contaminan los suelos y las cosechas y por el daño que ocasionan a muchas especies de insectos y animales.

Los controles biológicos normalmente producen menos daño a los ecosistemas (caso de la abeja africana).

Ya se han encontrado excesivos niveles de DDT en la leche de consumo humano.

Así que no se puede aplicar un pesticida a un solo organismo porque otros miles de organismos se verán afectados.

Por lo tanto hay que tomar la prueba de causa y efecto para un desarrollo sustentable en las comunidades de toda la Tierra.

Y más que quitar el efecto habrá que diagnosticar la verdadera causa que está dañando a una especie.

La agricultura por monocultivos causa daño a una gran cantidad de insectos en los campos de cultivo.

Podemos decir que cuando un organismo se establece dentro de una comunidad dinámica, inevitablemente alterará el micro ambiente a su alrededor.

Si el hombre por accidente o por acto deliberado o por no tener una Calidad Humana, introduce nuevas especies en las comunidades causará serios perjuicios (Como los conejos y los nopales en Australia).

Hay simbiosis o colaboración entre una especie con otras en una relación de beneficio.

Si se pierde la biodiversidad de las especies por ignorancia o por la negligencia... o por la voracidad económica (caso de los transgénicos).

Por lo general para que exista una excelente comunidad dinámica hay que plantar árboles perennes e incrementar el uso de plantas vegetales que tengan raíces más grandes para que aumente la diversidad.

* El flujo de energía:

Todos los organismos requieren de flujo de energía para vivir y una gran parte de esa energía se adquiere por medio de las plantas y su fotosíntesis para alimentar a su vez a otros animales u otros organismos vivos.

Por lo tanto si hay mayor crecimiento en las plantas habrá más flujo de energía.

En condiciones hidrofíticas o húmedas, las plantas se ven amenazadas por la pobre aireación.

En condiciones mesófitas o medio húmedas, hay un buen crecimiento de las plantas debido a que hay un equilibrio en el agua y en el suelo.

En condiciones Xerofíticas o de ambiente seco, las plantas sobreviven con escasa agua aunque la aireación sea buena.

Si el flujo de energía es alto, el suelo se cubre de vegetación, las plantas permanecen verdes y en continuo crecimiento y habrá una gran biodiversidad.

Y si existe una gran biodiversidad, el flujo de energía tiende a ser mayor en beneficio de todas las especies.

- Tierra, trabajo y Capital:

Aunque todos estos factores son necesarios, debe de haber un equilibrio porque hay que tomar en cuenta que cada año se erosionan veinticuatro billones de toneladas de suelo por los cultivadores en el mundo.

Es imperativo reunir los talentos para más que incrementar el capital económico, incrementar el capital Biológico del cual se beneficie toda la humanidad y no únicamente unos cuantos ricos de la Tierra.

Se tiene que aplicar la creatividad humana para la conversión de los recursos aprovechando la materia prima, el capital financiero, la conversión del producto... o sea sabiendo administrar de manera holista para descubrir realmente cual es la cadena de valor que nos haga optimizar por un lado el uso de la maquinaria y los equipos y los servicios para por un lado recuperar la inversión, pero recordando que las fuentes de energías utilizadas pueden ser dañinas o benignas y que los desechos radiactivos son letales para todas las especies y que los CFC`s afectarán la capa de Ozono de la estratosfera ... y eso disminuirá la Calidad de Vida de todas las especies.

**Agricultura mecanizada.**

Es necesario recordar aquí que, ninguna herramienta tecnológica puede revertir la desertificación que estamos propiciando en todos los ambientes de la superficie de la Tierra.

• Responsabilidad Social:

El producto o servicio que usted genere deberá ser guiado por la Ética y los Valores implementando en su pequeña, mediana o grande empresa una Calidad Humana.

Porque en su búsqueda de progreso no puede matar su propio sueño o su Calidad de Vida, ni los sueños ni la Calidad de Vida de otros seres humanos... y aún tiene que pensar en no hacer sufrir a otras especies tanto vegetales como animales.

Así que un sentimiento compartido de progreso, implica reflejar nuestras tradiciones, costumbres, respeto a normas y leyes sociales y ambientales y una Calidad Humana compartida por aquellos que estén implicados en la Meta Holista, donde no sólo está implicada la salud personal; si no la salud física, mental y espiritual de la mayoría de las personas.

Podrá haber mayor producción, pero no tiene por qué ser a costa de la contaminación ambiental, de la erosión del suelo o de generar un caos social.

Yo considero que no hay que tomar decisiones de explotación de los recursos sólo tomando en cuenta los valores culturales propios del capitalista, sino tomando en cuenta las referencias culturales y la Calidad de Vida de las comunidades afectadas.

Los resultados que se pretendan conseguir al explorar algunos recursos de la Naturaleza, deben ser sustentables en lo económico, lo social y en lo ecológico.

Es sólo de manera holista como se puede crear una agricultura y una industria que sustente a la enorme población social; pero sin deteriorar los ciclos del agua, de los minerales, de la energía y de las comunidades dinámicas.

Como una empresa de bienes o servicios tiene la responsabilidad de aprender a vivir con los demás... y cuidar a todas las especies que se vean afectadas por nuestra materia prima, por los materiales auxiliares, por la contaminación generada por las máquinas y los equipos de su proceso y por los usos de la energía que utilice y por los residuos que produzca en su planta y por la Calidad del producto o del servicio en la calidad de Vida de los usuarios.

¡Y recuerde que si como inversionista, requiere un rápido retorno de su capital, su ambición desmedida puede convertirlo en el mayor depredador de la Tierra!

Si su negocio es la caza o la pesca indiscriminada, eso es otro motivo de peligro para las especies.

Como ejemplos de los muchos animales que están en peligro de extinción están:

- El lince ibérico:
- El águila imperial
- El koala:
- El rinoceronte:
- El oso panda:
- El tigre:

Y si sus empresas son de la industria maderera:

Debido a la voracidad económica de unos pocos ricos sobre la Tierra nuestros bosques también se encuentran amenazados por el hombre debido a varias razones principales:

1.- La explosión demográfica que ha hecho al hombre invadir cada vez más territorios.
2.- La tala o deforestación de los bosques.
3.- La expansión agrícola y ganadera que han contribuido grandemente a poner en peligro a muchas especies y a la destrucción de los Hábitats naturales.

4.- La cacería furtiva de animales silvestres.

5.- La extracción de especies con fines comerciales y medicinales.

Porque si destruye el suelo, o contamina el aire o deteriora el ciclo del agua o el ciclo mineral o a la comunidad dinámica cuando acaba con su biodiversidad... su ganancia no será neta o genuina porque estará destruyendo el Capital Biológico lo cual significará la pérdida de su propia Calidad de Vida... y también pudiera significar la extinción de las especies vegetales y animales.

Sí, se pone en riesgo la supervivencia de todo nuestro Planeta la Tierra, por no ser un hombre de Calidad Humana y un Administrador Holista.

Todo por no vestirse con una Calidad Humana, transmitida por medio de una Educación sobre la base de la Ética y los Valores.

Así que decídase a implementar una Calidad Humana para que haya un verdadero desarrollo integral de todo su personal en todas sus empresas de bienes o servicios.

¡Sólo así tanto operarios como empleados se apropiarán de una Calidad Humana para propiciar el cuidado del Medio Ambiente en la Zona Industrial de San Luis Potosí!

Enseguida para poder transmitir todo lo anterior en materia de Ecología y Medio Ambiente a mis estudiantes y los estimados lectores a sus educandos, tenemos que utilizar una herramienta pedagógica muy valiosa y tendrán que utilizarla los patrones en las empresas de bienes y servicios si quieren que todo su personal mejore en Calidad Humana y si desean implementar con éxito su Calidad Humana... **se trata de La Filosofía de la Educación en Base a la Ética y Los Valores**, para desarrollar una Calidad más humana para que los operarios y empleados de las zonas industriales, cuiden el Medio Ambiente, teniendo ganancias, pero en base a un desarrollo sustentable.

Porque sostengo la tesis que cuando hay contaminación moral, todos los demás valores como la honradez, la justicia, el bien, la belleza, se degradan hasta tal punto que las personas de cualquier país ya no saben cuál es el umbral entre el bien y el mal...y si no se respeta ni la persona así misma, mucho menos va respetar a otras personas...y mucho menos cuidará el Medio Ambiente, donde hay otros seres vivos como plantas y animales.

Entonces la moral es la manera en que reflejamos nuestra conducta social, de estima rechazo hacia uno mismo y hacia otras personas, y otros seres vivos como las plantas y los animales.

# BIBLIOGRAFÍA

**A).- Básica**

Brameld, Theodore. *Bases culturales de la educación.* Buenos Aires: Universitaria de Buenos Aires, 1968.

Castorena Machuca, José Manuel. *La Administración y el Control de los Materiales en una Empresa Manufacturera.* Edit. CECSA, 1987.

Castorena Machuca, José Manuel. *Bajo todos los cielos estrellados, reinarán siempre la ética y los valores.* Edit. ITSLP, 2005.

Castorena Machuca, José Manuel. *La Tecnología Educativa como apoyo en el Proceso de la Enseñanza y el Aprendizaje.* Edit. ITSLP, 2002.

Eliade, Mircea. *Tratado de historia de las religiones.* Labor/ Punto Omega, 1979.

Flores Rivas, Joel. *Notas tomadas en Seminario de Ecología y Medio Ambiente.* Escuela de Educación Superior en Ciencias Históricas y Antropológicas, Agosto del 2004 – Junio del 2005.

Gimeno Sacristán, José. *Comprender y transformar la enseñanza*. Madrid: Edit. Morato, 1992.

Hamilton, Edith. *La Mitología*. Edicomunicación, S.A.

Juran, J.M. y Grina. *Quality control manual*. Mc Graw Hill, 1999.

Kras, Eva. *El desarrollo sustentable y las empresas*, Grupo Editorial Ibero América, 1999.

Kuehne Heyder, Nícola. *Notas tomadas en Seminario de Ciencia y Religión*. Escuela de Educación Superior en Ciencias Históricas y Antropológicas, Agosto del 2004 – Junio del 2005.

Lessa, William A. and Evon Z. Vogt. *Reader in comparative religion*, Harper & Row, Publishers, 1972.

Molles, Manuel C, Jr. *Ecology, concepts and applications*. Mc. Graw Hill, 2003.

Muñoz Mendoza Joaquín A. *Notas tomadas en Seminario de Biología Cultural*. Escuela de Educación Superior en Ciencias Históricas y Antropológicas, Agosto del 2004 – Junio del 2005.

Pérez Serrano, Gloria. *La investigación cualitativa: problemas y posibilidades en Investigación Cualitativa, Retos e Interrogantes*. Madrid: Edit. La Muralla, 1994.

Savory, Allan. *Holistic Management*. Editorial Island Press, 1999.

Vygotsky, Semenovich Lev. *El desarrollo de los procesos psicológicos superiores, documento de CAEPE*, 1999.

## B).- Complementaria

Utilizada como acercamiento y reflexión del objeto de estudio de esta tema.

Aclaro que en este apartado me faltan datos de editorial, o fecha de edición; debido a que en mis fichas bibliográficas, únicamente anoté en la mayoría de los casos, sólo el título de la obra o el autor para retener algo de la información consultada o leída y a veces únicamente como referencia al tema que en su momento me ocupaba; pero **lo principal es dar el crédito mediante la mención de la obra o la autoría, que es lo más justo y lo menos que puedo hacer por proporcionarme las ideas para mi trabajo de tema.**

A. Malahoff/OAR/, 2004, National Undersea Research Program.

Abba Eban, 2001, My People – The story of the Jews.

Ancient Near Eastern Text Relating to the Old Testament, 2001.

Aristóteles, 1976, Ética Nico maquea, Edit. Porrúa.

Awake Magazine, 1992, vol. 73, No. 1, Watch Tower.

Babbie, Earl R., La ciencia y la cultura social: en métodos de investigación por encuesta, 1988, Edit. Fondo de Cultura Económica, México.

Baruch Spinoza, Ética.Edit. Porrúa, 1966.

Beltrán Llera J., 1967, Psicología de la educación, Alfa omega.

Blas Pascal, Los pensamientos.Edit. Porrúa, 1978.

Borrador (8o.) Carta Internacional sobre Turismo Cultural, 1999, México, International Council on Monuments and Sites (ICOMOS).

Brooks J., 2001OAR/National Undersea Research Program.

Campbell, Joseph 2001, China- A History in Art.

Carta Del Turismo Cultural, 1976, Bélgica, International Council on Monuments and Sites (ICOMOS).

Chadd System, 2002, Children and adults with attention deficit/hyperactivity disorder in the classroom.

Cohen. A.Dr. 2004, Everyman's Talmud.

Comenio Juan Amós, 1992, Canto del Cisne.Edit. Porrúa.

Conrad Phillip Kottak, 1997, Antropología Cultural, Mc. Graw Hill.

Cristóbal de Molina, de Cuzco, 1992Ritos y Fábulas de los Incas, Edit. Porrúa.

Dimont Max, 1980, Jews, God and History.

Edit. Aljibe. Málaga.

Enciclopédia Judaica,1967.

Frazer James, 1968, The golden Bough.

GALAFASSI, G.P . 2000. "Racionalidad moderna y problemática ambiental. Una interpretación a la luz de la articulación sociedad - naturaleza" . En: *IV*

*Jornadas de Sociología - UBA / Reconstrucción de la Voluntad Sociológica*. URL: http://www.jornadas.unlugar.com/trabajos/ talleres/Galafassi/Galafassi. htm

Geoffrey Parridender, 1987, World Religions From Ancient History to the Present.

Griffin Jasper, 2002, The Oxford History of the Classical World.

Guillermo Michel, 2001, Aprende a Aprender.

H. Armstrong Roberts, 2003, Cortesía de National Research Council de Tailandia.

Harris, Kevin. *List of Einstein Quotes*. 1995. Traducido por Mrs. Cecilia Paseiro, Montevideo, Uruguay,

Hesíodo, 1976, Los Trabajos y los días.Edit. Porrúa.

http://www.catalog.com/fact4.htm(1995).

http://www.fmvz.unam.mx/glosario/letras/A.htm., 2006.

http://www.intracen.org., 2006

http://www.marcellux.com.ar.2005.

http://www.psicologiauniversal.com.mx,2005.

http://rosicrucianfellowship.org/foreign/docs/cienciareligion.pdf, 2005.

http://www.watchtower.com, 1996.

Husley Aldous, 1972, Un mundo feliz.Edit. Porrúa.

Instituto Cultural "Raíces Mexicanas", 2004.

Kant Emmanuel, 1992, Fundamentos de la Metafísica de las costumbres, Editorial Porrúa.

Kodansha Encyclopaedia of Japan, 2001.

LEFF, E. 1994."Sociología y Ambiente: Forma ión Socioeconómica, Racionalidad Ambiental y Transformaciones del Conocimiento". En: *Ciencias Sociales y Formación Ambiental.* E.Leff (comp.) Barcelona: Edit. Gedisa.

Lissner Ivar, 1976, Man, God and Magic.

Mac Donald I., 2003, OAR/National Undersea Research Program.

Mackenzie Donald A., 2002, Myths and Legends Series – India.

Magic, Supernaturalism and Religión, 1991.

MAMANI, Manuel, 2002, El rito agrícola de Pachallampi y la música en Pachama, pre cordillera de Parinacota. *Rev. music. chil.* Jul., vol.56, no.198, p.45-62. ISSN 0716-2790.

Mankind's Search for God, 1978.

Manual de Calidad, Cummins, S.A. De C.V. (S.L.P),1995.

Manual de Calidad, Herdez S.A. De C.V.(S.L.P),1999.

Manual de Calidad, Mabe Sanyo, S.A. De C.V.Compresores (S.L.P), 1996.

Manual de Calidad, Valeo, S.A. De C.V. (S.L.P), 1996.

Manual of Buddhism, 2001.

Marmorstein, 2000, The Old rabbinic Doctrine of God.

Mattityahu Joseph Ben (Flavio Josefo), 1992, Antigüedades de los judíos. Edit. Porrúa.

Méndez Ramírez, Alfredo, (CAEPE- 2001), Antología de Psicología de la Educación.

Merlin C. Wittrock, 1989, La investigación de la enseñanza, Edit. Paidos. Barcelona.

Mythology – An Illustrated Encyclopaedia, 2001.

Nihon Shukyo Jiten, 2001.

NOAA / Department of Commerce, 2004.

Noss John B., 2001, Man's Religions.

OAR/National Undersea Research Program, 2003.

Olmedo Badía Javier, mayo de 1983, México, Boletín bibliográfico de sistemas abiertos, año iii, no. 14.

P. Rona/OAR/National Undersea Research Program, 2001.

Pagels Elaine. 1986, Adam, Eve, and the Serpent.

Philippa J. R. Dr. 1996, Uwins/University of Queensland.

Plan de acción sobre políticas culturales al servicio del desarrollo, 1999 marzo, Estocolmo, en "El poder de la cultura", UNESCO.

Platón, Diálogos1965, Edit. Porrúa.

Professor Wolsofw, de Harvard U., 1999, The Crucible of Christianity.

Programa persona, 1998.

Rafael Bisquerra Alzina, 1999, Orientación psicopedagógica para la prevención y el desarrollo, Edit. Boixareu.

Ralph Linton, Estudio del hombre. 1967

Reingeniería del Cambio, Benoit Grouard / Francis Meston, Edit. Alfa omega - Mar combo (Boixareu). 1991

Religions of India; A dictionary of Hinduism. 1978,

Rodríguez Gómez, Gregorio, Introducción a la investigación cualitativa. 1999

Rogério Gribel (Investigador Brasileño), 1996.

Rousseau Juan Jacobo, El Emilio, Edit. Porrúa. 1987

San Agustín, La Ciudad de Dios. Edit. Porrúa. 1978,

Sigmund Freud, Tótem y Tabú, 1982.

Stanilsaf Grof, La mente holográfica, Edit. Kairós. 1994

Story of the World's Worship, 1976.

Tenzin Gyatso, El Budismo Vivo, 1978

The Bible of the World, 1975.

The Encyclopaedia of World Faiths, 1993.

The Knowledge of God in Ancient Israel, 1992.

The New Encyclopaedia Britannica, 1988.

The New Larousse Encyclopaedia of Mythology, 1991.

Tomás Moro, Utopía.Edit. Porrúa, 1987

Victor W. Von Hagen, the Ancient Sun Kingdoms of the Americas, 1992.

Will Durant, The story of Civilization, 1985.